FACULTÉ DE DROIT DE DIJON.

DU DROIT DE TESTER
ET DES RESTRICTIONS QUI Y ONT ÉTÉ APPORTÉES
DANS L'INTÉRÊT DE LA FAMILLE DU TESTATEUR.
EN DROIT ROMAIN ET EN DROIT FRANÇAIS.

THÈSE
POUR LE DOCTORAT

SOUTENUE LE VENDREDI 29 JANVIER 1875,

PAR

Louis GUERRIN,
AVOCAT A LA COUR D'APPEL DE BESANÇON,

SOUS LA PRÉSIDENCE DE M. LACOMME,
DOYEN DE LA FACULTÉ.

SUFFRAGANTS : MM. VILLEQUEZ, DE SUZE, GAUDEMET, *professeurs*. MOUCHET, *agrégé*.

BESANÇON,
IMPRIMERIE ET LITHOGRAPHIE DE J. JACQUIN.
1875.

A LA MÉMOIRE DE MON PÈRE ET DE MA MÈRE.

—

MEIS.

—

FACULTÉ DE DROIT DE DIJON.

DU DROIT DE TESTER
ET DES RESTRICTIONS QUI Y ONT ÉTÉ APPORTÉES
DANS L'INTÉRÊT DE LA FAMILLE DU TESTATEUR.

EN DROIT ROMAIN ET EN DROIT FRANÇAIS.

THÈSE
POUR LE DOCTORAT

SOUTENUE LE VENDREDI 29 JANVIER 1875,

PAR

Louis GUERRIN,

AVOCAT A LA COUR D'APPEL DE BESANÇON,

SOUS LA PRÉSIDENCE DE M. LACOMME,

DOYEN DE LA FACULTÉ.

SUFFRAGANTS : { MM. VILLEQUEZ, DE SUZE, GAUDEMET, } *professeurs.*
MOUCHET, *agrégé.*

BESANÇON,

IMPRIMERIE ET LITHOGRAPHIE DE J. JACQUIN.

—

1875.

DU DROIT DE TESTER

ET

DES RESTRICTIONS QUI Y ONT ÉTÉ APPORTÉES

DANS L'INTÉRÊT DE LA FAMILLE DU TESTATEUR.

EN DROIT ROMAIN ET EN DROIT FRANÇAIS.

En admettant, ce qui ne saurait être sérieusement contesté, que la propriété a son origine dans le droit naturel, il faut, pour être conséquent, assigner également la même origine au droit de tester. La propriété, en effet, n'est pas seulement viagère, mais perpétuelle et transmissible. Dès lors la transmission héréditaire ne saurait être considérée que comme une conséquence et même une condition essentielle du droit de propriété. Chacun reconnaît que le régime des successions *ab intestat* est fondé sur la volonté présumée du défunt, et que la meilleure loi en cette matière est celle qui, en faisant à l'intérêt de l'Etat la part qui lui appartient, satisfait aussi le mieux aux affections et à la volonté vraisemblable du défunt. C'est par là même reconnaître que la succession testamentaire doit tou-

jours primer la succession *ab intestat*. Le testament
n'est qu'une des formes du droit absolu qui appartient
au propriétaire de disposer de sa chose comme il l'entend (art. 544), et il est même l'un des modes d'exercice de ce droit les plus précieux et les plus sacrés. Si
donc le législateur s'est occupé du droit de tester, ce
n'est point pour concéder à l'homme ce droit, qui lui
appartiendrait même en l'absence de toute loi positive.
Le législateur ne pouvait que réglementer l'exercice
du droit de tester, et il l'a fait en lui imposant certaines
restrictions. Parmi ces restrictions, les plus importantes sont assurément celles qui ont pour but de
protéger la famille du testateur contre ses libéralités
excessives. Leur étude en droit romain et en droit
français formera l'objet de ce travail, que nous diviserons en trois parties : la première sera consacrée au
droit romain ; dans la seconde, nous jetterons un ra-
pide coup d'œil sur notre ancien droit et sur le droit
intermédiaire ; enfin, dans la troisième partie, nous
étudierons la législation qui nous régit actuellement.

———

PREMIÈRE PARTIE

DROIT ROMAIN.

———

La législation romaine est celle qui a consacré le droit de tester de la manière la plus absolue. Dans le principe, toute liberté était laissée au testateur relativement à la disposition de ses biens : *Uti legassit paterfamiliás super pecuniá tuteláve suæ rei, ita jus esto ;* ainsi s'exprimait la loi des XII tables, qui ne fit que consacrer l'usage antérieurement suivi. Sous l'empire de cette disposition, le *paterfamiliás* pouvait dépouiller entièrement ses plus proches parents, ses enfants mêmes, sans que le droit civil intervînt en leur faveur. Et l'on ne saurait s'en étonner quand on songe à l'étendue de la puissance paternelle à Rome. Le père de famille pouvait, du moins à l'origine, mettre à mort l'enfant qu'il avait sous sa puissance ;

comment dès lors aurait-on pu l'empêcher de le dés-hériter ?

La liberté illimitée de tester subsista à Rome pen-dant longtemps ; ce ne fut réellement que dans les derniers temps de la république qu'il y fut apporté une restriction en faveur de certains proches parents, par l'institution de la *querela inofficiosi testamenti*, qui permettait à ces parents de faire casser le testa-ment dans lequel ils avaient été injustement exhé-rédés ou omis. Cependant, on admet généralement que de bonne heure les Prudents, réagissant contre les rigueurs du droit civil, portèrent une première atteinte à la liberté de tester par la nécessité qu'ils imposèrent au testateur d'instituer ou d'exhéréder certaines personnes, sous peine d'invalidation du tes-tament.

On ne saurait certainement nier que la théorie de la succession contre le testament, en se développant, a fini par entraver la liberté testamentaire.

Mais ce résultat incontestable n'était pas celui que l'on s'était proposé à l'origine de cette institution. Loin d'avoir pour but de contrarier la volonté du testateur, on cherchait, au contraire, en exigeant une institution ou une exhérédation formelle de sa part, à se conformer le plus possible à sa volonté présumée. Il nous suffira, pour nous en convaincre, de nous reporter au point de départ de la théorie de l'exhé-rédation. Un père de famille sans enfants décède, lais-sant un testament par lequel il a disposé de tout son patrimoine ; mais, après son décès, sa veuve donne le jour à un enfant. Celui-ci, par suite du testament, se trouve complétement déshérité. Or, il n'est pas à croire que ce résultat entrait dans les intentions du père ; il est bien plus présumable que si le testateur avait pu prévoir qu'un enfant viendrait à lui naître, il n'aurait pas disposé de toute sa fortune au profit d'un étranger. Dès lors, c'est se conformer à sa volonté présumée que d'invalider, dans ce cas, son testament. C'est ce que l'on fit, non pas tout de suite, car on se borna peut-être, au commencement, à de stériles re- grets ; mais bientôt l'opinion publique intervint, et du temps de Cicéron (1), il était hors de doute que le testa- ment était invalidé par la survenance d'un posthume. Alors même qu'il s'agissait d'un héritier existant déjà lors de la confection du testament, il pouvait se pré- senter des cas offrant avec celui de la survenance d'un posthume une analogie frappante. Ainsi un père, croyant son fils mort chez l'ennemi, révoque le testa- ment dans lequel il l'avait institué héritier et en fait un autre dans lequel il institue un étranger. Puis, après la mort du père, le fils, qui n'était que captif, revient et jouit du *jus postliminii*. C'est assurément bien le cas d'invoquer, par analogie, le principe qui avait fait admettre l'invalidation du testament par là survenance d'un enfant posthume. Pourtant, du temps de Cicéron (2), cela faisait encore doute ; mais la cause

_____

(1) *De Oratore*, 1, 57 ; *pro Cœcina*, 25.

(2) *Nempe in eâ causâ* QUÆSITUM EST *de jure civili possetne paterno- rum bonorum exheres esse filius, quem pater testamento neque heredem neque exheredem scripsisset nominatim. — De Oratore*, 1, 38.

ayant été portée devant les centumvirs, le testament fut cassé, et cette décision devint le point de départ d'une jurisprudence qui, étendant le principe originaire, déclara nul tout testament dans lequel un enfant soumis à la puissance du testateur n'avait été ni institué ni exhérédé, mais simplement omis. Même depuis que cette extension fut admise, le testateur demeurait entièrement libre d'instituer ou d'exhéréder ses enfants nés ou à naître ; seulement, lorsqu'il voulait les déshériter, il devait le déclarer de façon à ne laisser aucun doute sur ses intentions.

On ne saurait dès lors, à proprement parler, ranger parmi les restrictions à la liberté de tester la nécessité imposée au testateur d'instituer ou d'exhéréder certaines personnes. Toutefois, comme la théorie de l'exhérédation a fini par devenir le point de départ de la *querela inofficiosi testamenti*, qui constitue la seule véritable restriction apportée par le droit romain à la liberté de tester, dans l'intérêt de la famille du *de cujus*, nous ne croyons pas devoir négliger de nous en occuper, et c'est ce que nous allons de suite faire dans un premier chapitre. Ce sera d'ailleurs une introduction utile à l'étude de la *querela inofficiosi testamenti*, qui fera l'objet d'un second chapitre.

CHAPITRE PREMIER.

DE LA NÉCESSITÉ IMPOSÉE AU TESTATEUR D'INSTITUER OU
D'EXHÉRÉDER FORMELLEMENT CERTAINES PERSONNES.

Nous étudierons les règles concernant l'exhérédation successivement dans le droit civil, dans le droit
prétorien et dans le droit de Justinien.

SECTION Iʳᵉ.

DROIT CIVIL.

Au temps des jurisconsultes classiques, le *paterfamiliâs* qui voulait tester valablement devait instituer ou exhéréder formellement les enfants qu'il avait
sous sa puissance immédiate au moment où il testait,
et qui pour cette raison étaient appelés *sui*. *Sui heredes
instituendi sunt vel exheredandi* (1). D'un autre côté,
le testament du *paterfamiliâs*, valable à l'origine, se
trouvait rompu par la survenance d'un posthume,
c'est-à-dire de toute personne qui, après la confection
du testament, venait à tomber sous la puissance immédiate du testateur : *Posthumi quoque liberi cujus-
cumque sexûs omissi, quod valuit testamentum*

---

(1) ULP., *Regul.*, tit. XXII, § 14.

— 8 —

agnatione rumpunt (1). Pour suivre l'ordre adopté par Gaius et par Justinien dans les Institutes, bien qu'il ne soit pas très logique (2), nous nous occuperons d'abord des héritiers siens existant au moment de la confection du testament, et ensuite des posthumes.

§ 1er. — *Héritiers siens existant au moment de la confection du testament.*

Et d'abord quels sont les héritiers siens ? Ulpien nous répond : *Sui autem heredes sunt liberi quos in potestate habemus, tam naturales quam adoptivi ; item uxor quæ in manu est filii quem in potestate habemus* (3). Ainsi sont compris dans la classe des héritiers siens : 1° les enfants nés *ex justis nuptiis* (4) ; 2° tous les petits-enfants nés d'un descendant mâle qui est lui-même sous la puissance du testateur (5) ; 3° enfin, les personnes qui sont entrées sous la puissance du testateur par adoption ou adrogation, de même que la femme *in manu, quæ filiæ locum obtinebat.*

Remarquons, avant d'aller plus loin, que depuis l'introduction de la légitimation, les enfants nés *ex concubinatu* qui avaient été légitimés soit par oblation

(1) ULP., *Regul.*, tit. xxii, § 18.
(2) Nous venons de voir, en effet, que l'infirmation du testament pour cause de survenance d'un posthume avait précédé l'infirmation du testament pour cause de prétérition d'un héritier sien existant lors de la confection du testament.
(3) ULP., *Reg.*, tit. xxii, § 14.
(4) *Instit.*, lib. I, tit. xx, § 3.
(5) Ibid.

à la curie, soit par tout autre mode, tombaient, par suite de cette légitimation, sous la puissance de leur père et devenaient dès lors héritiers siens : *Sui heredes sunt quos in potestate habemus.*

On voit par cette énumération que seuls les descendants par les mâles sont héritiers siens. Les descendants par les filles, en effet, ne sont jamais sous la puissance de l'aïeul de leur mère : *Qui ex filiâ tuâ nascitur, in tuâ potestate non est, sed in patris ejus* [1]. Aussi, dans l'ancien droit, les descendants par les filles n'étaient pas appelés à la succession *ab intestat* de leur aïeul. Plus tard, les enfants furent admis à la succession *ab intestat* de leur mère par le sénatus-consulte Orphitien, et cela sans qu'il y eût à distinguer s'ils étaient nés *ex justis nuptiis*, ou s'ils étaient nés *ex concubinatu*, ou même s'ils étaient *vulgò quæsiti.* Plus tard encore, les descendants par les filles furent admis à concourir avec les agnats à la succession de leurs aïeuls maternels et des ascendants maternels de leur père ; Justinien alla même jusqu'à les assimiler aux autres descendants [2]. Malgré cela, une différence complète, au point de vue qui nous occupe, ne cessa de séparer les descendants par les filles des autres descendants. En effet, les descendants par les mâles devaient être institués ou exhérédés pour que le testament fût valable, tandis que pour les descendants par les filles, l'omission suffisait et n'entraînait ja-

(1) *Instit.*, lib. I, tit. IX, § 3.
(2) *Nov.*, CXVIII, c. I.

mais la nullité du testament. *Silentium matris tantum facit quantum exheredatio patris* (1).

Les héritiers siens devaient être institués ou exhérédés, avons-nous dit; mais l'omission de cette règle, c'est-à-dire la prétérition d'un *suus*, n'entraînait pas dans tous les cas le même résultat. Si c'est un *filiusfamiliâs* qui a été omis dans le testament de son père, ce testament est *injustum*, c'est-à-dire nul *ab initio*, et comme un acte nul *ab initio* ne peut produire aucun effet, quoi qu'il arrive dans la suite, il s'ensuivra que le testament dans lequel un *filiusfamiliâs* a été omis restera nul, alors même que le *filiusfamiliâs* décéderait avant le testateur. C'est en effet ce qui avait été admis, après discussion il est vrai, ainsi que nous le rapporte Gaius (2).

Les Proculéiens soutenaient qu'en cas de prédécès du fils, le testament devait être respecté, et assurément leur avis était préférable à celui des Sabiniens; mais la subtilité du droit avait triomphé des vrais principes, de sorte que Paul, sans même parler de la controverse qui n'existait plus de son temps, dit d'une façon formelle : *Si filius qui in potestate est prœteritus sit, et vivo patre decedat, testamentum non valet, nec superius rumpetur* (3). Ce sera donc alors la succession *ab intestat* qui sera déférée, à moins pourtant

(1) *Inst.*, lib. II, tit. xiii, § 7.
(2) *Comm.*, ii, § 123.
(3) L. 7, D., *De liber. et post.*, xxviii, 2. — Il est à remarquer que le préteur accordait, dans ce cas, à l'héritier institué la *bonorum possessio secundum tabulas*, tantôt *cum re*, tantôt *sine re*.

qu'il n'existe un testament antérieur fait suivant les
formes, car alors ce testament serait valable comme
n'ayant pu être rompu par un testament postérieur
qui est nul.

Si, au contraire, c'est un descendant autre que le
fils qui a été omis, le testament n'est frappé que d'une
nullité relative. Dans ce cas, le descendant omis a
seulement le droit de concourir dans une certaine
proportion avec les héritiers institués, *scriptis heredibus adcrescere* (1).

Lorsque les héritiers institués sont des héritiers
siens, les descendants omis (filles ou descendants au
deuxième degré des deux sexes) viennent accroître le
nombre des héritiers *in partem virilem.*

Dans l'hypothèse où les héritiers institués ne sont
pas des héritiers siens, les descendants omis ont le
jus adcrescendi in partem dimidiam ; ils prennent à
eux tous la moitié de la succession. Les héritiers institués peuvent être, les uns des héritiers siens, les autres
des héritiers externes ; dans ce cas, les deux règles
que nous venons d'énoncer s'appliqueront simultanément, de sorte que, pour prendre une hypothèse
prévue au Digeste par le jurisconsulte Paul, si nous
admettons qu'un héritier sien ait été institué avec un
étranger, et qu'une fille ait été omise, la fille omise
enlèvera à chacun des deux héritiers la moitié de leur

---

(1) En droit prétorien, l'omission de tout héritier sien donne lieu à la
bonorum possessio contra tabulas, ainsi que nous le verrons dans la section suivante.

part et aura à elle seule la moitié de la succession, tandis que l'héritier sien institué n'aura qu'un quart. S'il y avait deux héritiers siens institués au lieu d'un, la fille omise aurait droit, dans ce cas : 1° au tiers des deux tiers attribués aux héritiers siens institués, et 2° à la moitié du tiers attribué à l'héritier externe ; sa part serait donc encore, dans ce cas, plus considérable que celle des héritiers siens institués (1).

Comment expliquer cette différence entre l'effet de l'omission d'un fils et celui de l'omission d'un autre *suus?* Par cette seule considération que le lien de la puissance paternelle était plus fort en ce qui touche le fils qu'à l'égard de tout autre descendant. C'est le même motif qui avait fait admettre la nécessité de trois ventes successives pour faire sortir le fils de la puissance de son père, tandis qu'une seule vente suffi- sait pour en affranchir les autres descendants.

Une seconde différence, en ce qui touche la néces- sité d'une exhérédation, existe entre le fils de famille et les autres descendants. Pour le fils de famille l'exhérédation doit être nominative ; pour les autres descendants l'exhérédation *inter cæteros* suffit. Gaius nous apprend que l'exhérédation était nominative lorsque le testateur avait dit : *Titius filius meus exheres esto,* ou même simplement : *filius meus exheres esto,* pourvu que dans ce cas le testateur n'eût qu'un fils, car, comme le fait remarquer Ulpien : *Si plures sunt filii, benignâ interpretatione potius à plerisque respon-*

(1) Paul, *Sent.,* lib. III, tit. iv, § 8.

detur nullum exheredatum esse **(1).** L'exhérédation
inter cæteros se faisait ordinairement en ces termes :
Cæteri exheredes sunto. Nous no croyons pas devoir
insister davantage sur ces formes de l'exhérédation.
Il nous suffit de dire que dans tous les cas où l'exhérédation devait être faite *nominatim,* le testateur
devait avoir soin de s'exprimer de façon à ce qu'il n'y
eût aucun doute sur sa volonté bien arrêtée de frapper
d'exhéré....on telle ou telle personne déterminée.
Si le testateur ne s'était pas exprimé avec assez de
clarté, ou si l'on pouvait hésiter sur le point de savoir
si tel héritier avait ou n'avait pas été présent à la pen-
sée du testateur lors de l'exhérédation, dans certains
cas l'exhérédation était nulle *à priori,* dans d'autres
c'était au juge à décider d'après les circonstances **(2).**

Pour que le testament d'un *paterfamiliàs* qui a un
fils sous sa puissance fût valable, il ne suffisait pas
qu'il l'eût institué ou exhérédé *nominatim;* il fallait
en outre que l'institution fût pure et simple, à moins
que l'institution étant conditionnelle, le fils de famille
ne fût exhérédé sous la condition contraire, et réciproquement. Les autres descendants pouvaient être
institués conditionnellement, et si la condition venait
à défaillir, ils jouissaient du *jus adcrescendi* dont nous
avons parlé. L'obligation pour le père de famille,
lorsqu'il institue son fils conditionnellement, de l'exhéréder sous la condition contraire, repose sur cette con-

---

(1) L. 1 et 2, D., *De liber. et post.,* xxviii, 2.
(2) L. 25, *ibid.*

sidération qu'il ne doit y avoir aucun cas où il soit possible que le fils soit omis, ce qui arriverait au cas d'une institution ou d'une exhérédation conditionnelle, si la condition venait à défaillir, tandis que dans le cas d'une institution conditionnelle avec exhérédation sous la condition contraire, le fils sera nécessairement institué ou exhérédé, mais jamais omis, quoi qu'il arrive. Il ne faudrait pourtant pas croire que le testament dans lequel le fils de famille est institué conditionnelle-ment et exhérédé sous la condition contraire fût tou-jours à l'abri de la nullité. Car la condition pourrait fort bien ne s'accomplir ou ne défaillir qu'après la mort du fils, auquel cas l'institution d'héritier ou l'exhérédation, n'ayant pas existé du vivant du fils, ne servirait de rien ; c'est pourquoi le fils mourant *pendente conditione* mourait héritier *ab intestat* (1). Pour la même raison l'exhérédation du fils de famille après sa mort était considérée comme nulle.

Nous venons de voir que l'institution conditionnelle, de même que l'exhérédation, était nulle à cause de l'incertitude qu'elle laisse régner. Il ne faudrait pour-tant pas aller jusqu'à dire que l'institution faite sous une condition potestative de la part du fils est une cause de nullité du testament. Alors même que cette condition viendrait à défaillir, il serait inexact de dire que le fils a été omis, puisqu'il n'a tenu qu'à lui d'être héritier. Le testament est donc valable dans ce cas, et si le fils de famille a un cohéritier externe institué

(1) L. 28, D., *De liber. et post.*, xxviii, 2.

purement et simplement, ce dernier peut faire adition
immédiatement. Si le fils de famille a un substitué,
celui-ci pourra faire adition dès qu'il sera certain que
la condition ne peut être accomplie, c'est-à-dire à la
mort du fils de famille, si aucun terme n'a été fixé
pour l'accomplissement de la condition, et à l'échéance
du terme, s'il en a été fixé. Cela ne présente aucune
difficulté ; mais nous pouvons supposer le cas où le
fils de famille institué sous une condition potestative
de sa part n'a ni cohéritier ni substitué, et qu'il laisse
défaillir la condition : il est évident alors que le testament est caduc et que la succession *ab intestat* doit
s'ouvrir ; mais à qui sera-t-elle déférée ? Au fils (c'est-
à-dire à ses héritiers), dans le cas où la condition est
telle qu'au moment de sa mort il est certain qu'elle ne
peut plus être accomplie ; au contraire, la succession
sera déférée aux plus proches parents du défunt lors
de la mort du fils, dans le cas où l'on ne peut dire
d'une manière certaine qu'après la mort du fils, que
la condition à lui imposée est défaillie. A la différence
de ce qui existe pour l'héritier externe, dont l'institution sous une condition impossible ou contraire aux
bonnes mœurs n'est pas nulle, puisqu'une telle condition est, dans ce cas, réputée non écrite, l'institution
du fils de famille sans cette condition serait considérée
comme nulle. On a cherché à trouver la raison de
cette différence, mais toutes les explications fournies
sont loin d'être satisfaisantes.

Bien que l'hérédité constituant une *successio per
universitatem*, il soit évident que l'institution d'héri-

tier doive avoir pour objet le patrimoine entier du
testateur, ou du moins une quote-part de ce patrimoine, on avait cependant fini par admettre la validité de l'institution d'un héritier unique *pro certâ re*
ou *pro certâ parte*. Il n'en était pas de même de l'exhérédation, qui pour être valable devait comprendre
toute l'hérédité. Nous lisons en effet au Digeste : *Cùm
quidam filiam ex asse scripsisset, filioque quem in potestate habebat decem legasset, adjecit et in cæterâ
parte exheres mihi erit, et quæreretur an rectè exheredatus videtur, Scævola respondit : Non videtur, et
in disputando adjiciebat ideò non valere quoniam nec
fundi exheres esse jussus rectè exheredaretur, aliamque
causam esse institutionis quæ benignè acciperetur, exhe-
redationes autem non essent adjuvandæ* (**1**). Cette dernière règle, posée par le jurisconsulte Scævola, est à
retenir, car elle n'est pas applicable au seul cas prévu
par le texte que nous citons.

Pour que l'exhérédation soit valable, il faut non-
seulement que le fils de famille ait été exhérédé de
toute l'hérédité, mais encore, et cela n'est 'qu'une
conséquence de la première règle, qu'il ait été exhérédé à *toto heredum gradu*. Pourtant il faut se garder
de croire que si l'exhérédation ne s'appliquait pas à
tous les degrés, le testament serait complétement nul :
il n'y aurait de nulle que l'institution comprise dans
le degré duquel le fils n'avait pas été exhérédé (**2**). Ce

(1) L. 19, *De liber. et post.*, xxviii. 2.
(2) L. 3, § 6. *ibid.*

que nous disons de l'exhérédation ne s'applique pas
à l'institution du *filiusfamiliás*. Il suffit qu'il ait été
institué au premier degré pour que tous les autres
degrés soient valables s'il s'abstient de l'hérédité.

Nous remarquerons que si, en expliquant ces différentes règles relatives à l'institution et à l'exhérédation, nous avons parlé uniquement du cas où il s'agissait d'un fils de famille, ce n'est pas parce que ces
règles ne s'appliquent qu'à eux : elles sont générales
et pour tous les héritiers siens. Seulement, le résultat
de leur omission ne sera pas le même dans tous les
cas, puisque la prétérition dans le testament du fils de
famille, ainsi que nous l'avons vu plus haut, entraine
la nullité absolue du testament, tandis que l'omission
des autres *sui* ne donne lieu qu'au *jus adcrescendi*.

Pour terminer, nous ajouterons que les règles dont
nous venons de donner le détail ne s'appliquaient
pas au militaire qui fait son testament. Le testament
militaire était, on le sait, dispensé des formalités ordinaires, et la nécessité d'instituer ou d'exhéréder les
héritiers siens était considérée comme faisant partie
des formalités des testaments.

§ 2. — *Des posthumes et des quasi-posthumes.*

Le père de famille qui avait pris soin de se conformer
à toutes les règles que nous avons exposées dans le paragraphe précédent n'était pas pour cela assuré de ne
pas mourir *intestat*. Son testament, valable à l'origine,
pouvait, en effet, par la suite, se trouver infirmé. C'est

ce qui arrivait, on le sait déjà, par suite de la survenance d'un posthume : *testamentum rumpitur agnatione postumi* (1). Le mot posthume, dans son acception
la plus large, comprend toute personne qui, après la
confection du testament, vient à tomber sous la puissance immédiate du testateur. C'est même dans ce
sens que les mots *posthume, postumus,* devraient tou·
jours être employés si nous tenions compte de l'étymologie vraie. *Postumus,* en effet, est un adjectif
dérivé de *post* et signifie tout simplement « venant
ou étant venu après un fait, un événement quelconque, » c'est-à dire, dans le cas qui nous occupe,
« étant venu après le testament. » C'est dans le même
sens que nous trouvons employé au Digeste l'adjectif
posterior (2). Toutefois, ce mot est souvent employé
dans une acception plus restreinte pour désigner
seulement les enfants nés après la mort du père. D'où
un auteur de basse latinité a pu dire : *Posthumus
vocatur eò quód post humationem patris nascitur* (3),
étymologie assurément peu sérieuse, mais qui
cependant a donné lieu à l'orthographe moderne
« posthume. » C'est dans ce sens restreint que le mot
postumus est employé par Ulpien quand il dit :
Postumi quoque liberi, id est qui in utero sunt, si

---

(1) Il faut bien faire attention que le testament est valable à l'origine ; d'où la conséquence que le testament antérieur est rompu, à la
différence de ce qui avait lieu, comme nous l'avons dit, au cas de prétérition d'un *suus* existant déjà au moment de la confection du testament.

(2) D., *De inf. rup. test.*, xxv, § 3.

(3) Isidore, *Orig.*, ix, 5.

*tales sunt ut nati in potestate nostra futuri sint,
suorum heredum numero sunt* (1).

Nous voyons par ce dernier texte que l'enfant conçu
avant la mort du testateur, quoique né postérieurement,
a dans la succession de son père les mêmes droits que
s'il était né avant : il est héritier sien, d'où la conséquence que s'il a été omis dans le testament, ce
testament est nul comme au cas d'omission d'un
héritier sien existant lors de la confection du testament. Pour empêcher cette rupture du testament, le
père de famille devait donc instituer ou exhéréder son
enfant qui n'était encore que conçu. A l'origine, la
chose n'aurait pu se faire, parce que les enfants conçus
mais non encore nés étaient rangés dans la classe
des personnes incertaines qui ne peuvent être valablement instituées ; mais on se relâcha de bonne heure
de cette rigueur des principes, et, dès la fin de la république, on admettait la validité de l'institution ou
de l'exhérédation de l'enfant simplement conçu. Il
avait bien fallu en arriver là, du moment où la survenance du posthume rompait le testament, car autrement le *paterfamilias* se serait trouvé dans l'impossibilité de faire un testament valable.

Nous n'avons parlé jusqu'à présent que de l'enfant
qui naissait après la mort du testateur. Ce ne fut que
pour celui-là seul que l'on dérogea dans le principe à
la règle prohibant l'institution d'une personne incer-
taine ; dans le cas d'un enfant né depuis la confection

(1) *Sent.*, xxii, 15.

du testament, mais avant la mort du testateur, le testament était bien rompu, mais le testateur pouvait le recommencer ; il n'y avait donc pas nécessité absolue de déroger aux principes : toutefois, cette dérogation fut admise plus tard ; elle prit même beaucoup d'extension, et l'on chercha à fournir au testateur les moyens d'éviter la nullité de son testament dans tous les cas où un événement postérieur à sa confection aurait pu la produire.

Le testament était infirmé toutes les fois que le *de cujus* se trouvait avoir au moment de son décès un héritier sien, qui, n'existant pas lors de la confection du testament, n'avait été ni institué ni exhérédé. Cela arrivait par la mort, la *capitis deminutio*, l'émancipation, la captivité, etc., d'un *suus* ayant des enfants nés ou conçus, lesquels, par suite de ces divers événements, tombaient sous la puissance immédiate de leur grand-père, qui dès lors se trouvait avoir un *suus* qui n'existait pas au moment de la confection du testament. Il pouvait aussi arriver qu'une personne étrangère devînt *suus heres* du testateur par *in manum conventio*, par adoption, par *erroris causæ probatio* ou par légitimation.

On chercha naturellement, comme nous le disions, le moyen d'éviter que le testament fût infirmé dans ces divers cas. Examinons comment on y parvint.

Le jurisconsulte C. Aquilius Gallus imagina une formule qui permettait d'instituer les enfants nés ou à naître d'un *suus* et qui, par la mort de ce dernier, pouvaient éventuellement rompre le testament *quasi*

agnascendo. Cette formule nous a été conservée au
Digeste : *Gallus sic posse institui postumos nepotes in-
duxit :* Si filius meus, vivo me, morietur, tunc si quis
mihi ex eo nepos sive quæ neptis, post mortem meam
in decem mensibus proximis quibus filius meus more-
retur, natus nata erit, heredes sunto (1). La jurisprudence admit ces institutions et ces exhérédations en
principe : elle les étendit même. C'est ainsi que l'on
admettait l'institution ou l'exhérédation des petits-fils
et des descendants d'un degré encore plus éloigné (2).
Si un testateur a un fils et que son petit-fils laisse une
épouse enceinte, il pourra instituer son arrière-petit-
fils pour le cas de prédécès de son fils (3). Si le fils et
le petit-fils sont tous deux vivants, le *paterfamilias*
pourra encore instituer son arrière-petit-fils pour le
cas de prédécès du fils et du petit-fils (4). Dans ce cas,
le *paterfamilias* devrait avoir soin d'exhéréder et son
fils et son petit-fils; en cas d'omission du fils, le testament eût été nul dans tous les cas, et en cas d'omission du petit-fils, il n'eût été valable qu'à la condition
que ce petit-fils décédât avant son père. On avait
admis également que dans ces diverses hypothèses
l'institution ou l'exhérédation était valable alors même
qu'elle était faite purement et simplement, c'est-à-
dire sans qu'elle eût été faite pour le cas de prédécès
du fils ou du petit-fils, ou de tous les deux. *Quidam*

(1) L. 29, pr., D., *De lib. et post.*, xxviii, 2.
(2) *Ibid.*, § 2.
(3) *Ibid.*, § 3.
(4) *Ibid.*, § 4.

rectè admittendum credunt, etiamsi non exprimat de morte filii, sed simpliciter instituat, ut eo casu valeat qui ex verbis concipi posset (1).

Toutefois, malgré ces extensions, et en raison du caractère exceptionnel de ces institutions et exhérédations, on ne leur accorda d'effet qu'en cas d'absolue nécessité, c'est-à-dire quand il ne restait au *paterfamiliàs* aucun autre moyen de ne pas mourir *intestat*. Ainsi l'exhérédation ou l'institution du posthume demeurait inefficace quand sa naissance arrivait du vivant du testateur. Le *paterfamiliàs* pouvant refaire son testament, il n'y avait pas, comme nous l'avons déjà dit, urgence d'innover. Cependant, comme diverses causes peuvent empêcher le *paterfamiliàs* de recommencer son testament, l'on porta dans les premiers temps de l'empire une loi *Junia Velleia*, d'après laquelle le testateur pouvait prévenir la rupture du testament qui aurait été occasionnée par la survenance d'un héritier sien de son vivant. Cette loi avait deux chapitres qui nous ont été conservés en partie par le jurisconsulte Scævola. Le premier avait trait au cas que nous venons d'examiner, et il était ainsi conçu : *Qui testamentum facict, is omnis virilis sexùs qui ei suus heres futurus erit*, etc., *etiamsi* PARENTE VIVO *nascatur.* Quant au second chapitre, au chef de la loi *Junia Velleia : Si quis ex suis heredibus esse desierit, liberi ejus*, etc., *in locum sui heredes succedunto*, il s'appliquait au cas où la disparution d'un *suus*, de

(1) L. 29, § 1, D., *De lib. et post.*, xxvIII, 2.

quelque manière qu'elle se produisit, par mort ou
autrement, faisait tomber sous la puissance immédiate
du testateur l'enfant qu'il précédait dans la famille et
qui devenait ainsi héritier sien du *de cujus*. C'est ce
second chapitre qui permit d'étendre à tous les cas
la formule d'Aquilius Gallus qui, dans le principe, ne
s'appliquait qu'au cas de mort naturelle.

Désormais, grâce à cette loi et à l'interprétation fa-
vorable des jurisconsultes, il fut possible d'instituer ou
d'exhéréder tout posthume quelconque ; aussi avons-
nous cru inutile d'établir, ainsi que le font généralement les commentateurs, des distinctions entre les
posthumes, quasi-posthumes, posthumes velléiens,
etc. Nous nous contentons de dire qu'il dépendait
désormais du père de famille de prévenir toute infirmation de son testament. Cette dernière proposition
doit cependant être entendue avec certaines restrictions. Nous savons, en effet, que c'est quelquefois la
volonté même du testateur qui amène l'infirmation
du testament, comme dans le cas d'adoption, de légitimation, etc. Dans ces divers cas, le testateur n'avait
qu'à s'en prendre à lui-même, et il était d'ailleurs toujours libre postérieurement d'instituer ou d'exhéréder
comme *sui*, ceux qu'il avait fait entrer sous sa puissance. Rien donc d'étonnant que la loi ne soit point
venue à son secours. Aussi Gaius nous dit-il que
dans ces divers cas, *omnimodo testamentum rumpitur
quasi agnatione postumi* (1). Il est vrai que ce passage

_____

(1) *Comm.*, iii, § 138.

de Gaius, en passant dans les Institutes de Justinien, fut modifié par la suppression du mot *omnimodo*, car postérieurement à Gaius on admit la validité de l'institution du petit-fils adoptif, lorsque le fils du testateur qui lui servait de père venait à sortir de la famille ; mais l'exhérédation continua à être considérée comme nulle, à moins qu'il ne s'agit d'un enfant émancipé rentrant dans la famille par adrogation.

Maintenant que nous savons comment on était arrivé à permettre l'institution et l'exhérédation des posthumes, disons en quelques mots comment cette institution ou exhérédation devait être faite. Les posthumes des deux sexes doivent être institués purement et simplement : si toutefois, dans le cas d'une institution conditionnelle, la condition venait à s'accomplir avant la naissance du posthume, le testament demeurerait valable, puisque le posthume se trouve ainsi institué sûrement au moment de sa naissance. L'exhérédation doit être nominative pour les fils posthumes ; pour les filles et les autres descendants du sexe féminin, l'exhérédation pouvait être faite *inter cæteros* ; mais, à la différence de ce qui avait lieu pour les héritiers siens existant au moment de la confection du testament, il fallait que le testateur leur eût légué un objet quelconque. Quant aux petits-fils et arrière-petits-fils, Ulpien nous dit : *Vel nominatim vel inter cæteros cum adjectione legati sunt exheredandi ; sed tutius est tamen nominatim eos exheredari, et id observatur ma-*

gis (1). Ce qui du temps d'Ulpien n'était qu'une précaution devint dans la suite une nécessité, et à ce point de vue encore les posthumes étaient traités plus favorablement que les héritiers siens existant lors de la confection du testament. L'exhérédation nominative ne s'entendait, cela va de soi, que d'une désignation nominale de la classe des posthumes. On pouvait, il est vrai, exhéréder un posthume déterminé : *qui ex Seiâ nasceretur*, c'est-à-dire le posthume qui naîtra de telle femme, dont il n'était pas, du reste, nécessaire que l'on fût le mari, pourvu que l'on pût honnêtement espérer de l'épouser. Mais il était plus sûr d'exhéréder les posthumes d'une manière indéterminée, c'est-à-dire de cette façon : *Quicumque mihi nasceretur postumus, exheres esto.* Il était possible, en effet, que le *paterfamilias* convolât à de nouvelles noces, et alors, s'il n'avait institué ou exhérédé que le posthume qui pouvait lui naître de son épouse actuelle, le testament était infirmé par la survenance d'un posthume issu de sa nouvelle femme (2).

(1) *Reg.*, tit. xxii, § 22.

(2) Un doute aurait pu s'élever sur la validité du testament dans le cas suivant : Un testateur a dit : *Si filius mihi natus fuerit, ex besse heres esto*, *ex reliquâ parte uxor mea heres esto; si vero filia nata fuerit, ex triente heres esto, ex reliquâ parte uxor heres esto;* et l'épouse du testateur donne naissance à deux posthumes jumeaux, un fils et une fille. On aurait pu dire que le testateur n'avait pas prévu ce cas et que les deux jumeaux n'avaient été ni institués ni exhérédés. Pourtant, on admit la validité du testament, et l'on décida que l'hérédité se partagerait en sept portions, dont quatre seraient attribuées au fils, deux à la femme et une à la fille. Cette solution semble, en effet, être d'accord avec la volonté du testateur. (L. 13, pr., D., *De liber. et post.*, xxviii, 2.)

SECTION II.

DROIT PRÉTORIEN.

On a pu remarquer, dans la section qui précède, que
le droit civil ne tenait compte que de la parenté civile,
et que le testament était infirmé dans le cas seulement
de prétérition d'un héritier sien, soit existant au
moment de la confection du testament, soit survenu
postérieurement. Il résultait de là que les enfants qui
étaient sortis de la puissance du *paterfamilias* par
émancipation ou parce qu'ils avaient été donnés en
adoption par leur père, pouvaient être impunément
passés sous silence. Le droit civil ne venait nullement
à leur secours : c'était là une lacune qu'il appartenait
au préteur de combler. D'un autre côté, le préteur,
plus sévère que le droit civil, exigea toujours une exhérédation formelle de la part du testateur (1); pour
les descendants mâles, l'exhérédation devait être nominative; il n'y eut que les descendants du sexe féminin pour lesquels l'exhérédation *inter cæteros* de-
meura suffisante. Nous n'insisterons pas sur les innovations admises par le préteur relativement aux formes

(1) Les descendants omis, qui, d'après le droit civil, n'auraient droit
qu'au *jus adcrescendi*, obtenaient du préteur *la bonorum possessio contra tabulas* pour toute la portion à laquelle ils avaient droit *ab intestat*.
Seulement, depuis le rescrit d'Antonin, les femmes ne purent obtenir
par cette *bonorum possessio* rien au delà de ce que le droit civil accordait aux *suæ præteritæ*.

de l'exhérédation, mais nous entrerons dans quelques
détails à propos de celles concernant les enfants
émancipés et donnés en adoption.

Et d'abord en ce qui concerne le fils émancipé,
comme par suite de l'émancipation tout lien civil a
disparu entre lui et son père, il en résulte, avons-
nous dit, que ce dernier pourra, d'après le droit civil,
l'omettre impunément dans son testament. Mais le
préteur, venant à son secours et corrigeant le droit
civil, rescinde l'émancipation qui empêchait l'enfant
de venir à la succession de son père, et, le plaçant, par
le fait, sur un pied d'égalité avec les héritiers siens, il
lui donne, en cas de prétérition, la *bonorum possessio
contra tabulas*, de même qu'il lui aurait donné, en cas
de succession *ab intestat*, la *bonorum possessio unde
liberi* (1).

Justinien, dans les Institutes, semble ne faire porter
l'innovation du préteur que sur les enfants émancipés;
mais c'est à tort, car de quelque manière que les enfants soient sortis de la famille du testateur, le préteur
vient à leur secours : *sive emancipati sint, sive aliàs
exierint de patris potestate* (2), pourvu toutefois qu'ils
soient habiles à succéder, c'est-à-dire qu'ils n'aient
pas perdu leurs droits civils par la *media* ou la *maxima
capitis deminutio*. Supposons qu'un *paterfamiliàs* ait
émancipé son fils qui, postérieurement à l'émanci-

<hr />

(1) Ces deux *bonorum possessiones* ont l'une avec l'autre beaucoup de
points de ressemblance ; il ne faudrait pourtant pas les assimiler com-
plètement.

(2) L. 1, § 6, D., *De bonor. poss. c. tab.*, xxxvii, 4.

pation, a des enfants : ces enfants survenus postérieurement à l'émancipation n'ont jamais été sous la
puissance de leur aïeul ; néanmoins, s'ils ont été omis
dans son testament, le préteur leur donnera la *bonorum possessio contra tabulas*, alors même que leur
père se serait marié contre la volonté de leur aïeul (1).
Un autre cas peut encore se présenter où le préteur
admet à la succession du *de cujus* un enfant qui n'a
jamais été sous sa puissance. C'est le cas où un *paterfamilias* a donné en adoption son fils, qui avait déjà
lui-même, à cette époque, des enfants : ces derniers
sont restés sous la puissance de l'aïeul. Néanmoins la
bonorum possessio contra tabulas leur permettra de
venir à la succession de leur père. Il en serait de
même pour les enfants que l'aïeul a donnés en adoption en retenant leur père sous sa puissance (2).

Quant à l'enfant donné en adoption, tant qu'il reste
dans sa famille adoptive, il n'a aucun droit de venir
à la succession de son ascendant naturel, puisque le
droit civil l'appelle à la succession de son père adoptif,
et qu'on n'admet pas qu'une personne ait un droit de
succession dans les deux familles à la fois. Mais si, par
suite d'une émancipation, le lien de l'adoption vient à
disparaître, l'enfant recouvrera ses droits dans sa fa-

---

(1) L. 3, § 5, D., *De bonor. poss. cont. tab.*, xxxvii, 4. Ce qui aurait
pu faire doute dans ce dernier cas, c'est que, pour admettre ces enfants
à la succession de leur aïeul, on suppose rescindée l'émancipation de
leur père, et ce dernier s'étant marié sans le consentement de l'aïeul,
on aurait pu dire que les petits-enfants n'étaient pas nés *ex justis nuptiis*.

(2) L. 6, §§ 2, 7 et 21, D., *De bonor. poss. c. tab.*, xxxvii, 4.

mille naturelle, et si son ascendant l'a omis dans son testament, il pourra demander la *bonorum possessio contra tabulas*, à la condition toutefois que l'adoption ait été dissoute avant le décès du *de cujus* (1) et qu'elle l'ait été par émancipation et non autrement (2). Il est à noter que l'émancipation dont nous parlons en ce moment provient du père adoptif lui-même. Il pourrait se faire que l'émancipation provînt du père naturel, par exemple dans le cas où un *paterfamiliâs* ayant des enfants s'est donné en adrogation après les avoir émancipés, ou bien dans le cas où un *filiusfamiliâs*, donné en adoption par son père, se marie postérieurement à cette adoption et a des enfants qu'il émancipe après la mort de son père adoptif. Dans ces différents cas, les enfants pourront-ils venir à la succession de leur père naturel, qui les a émancipés, par la *bonorum possessio contra tabulas?* Non, d'après les termes stricts de l'édit, car les émancipations faites par les parents naturels sont rescindées, et par conséquent les enfants, malgré l'émancipation, seront considérés comme n'étant pas sortis de la famille adoptive de leur père. Mais alors le préteur accordait une possession de biens décrétale (3).

Nous venons de voir que le préteur n'accordait pas la *bonorum possessio contra tabulas* à l'enfant adopté qui se trouvait encore dans sa famille adoptive au

(1) L. 6, § 4, D., *De bonor. poss. c. tab.*, xxxvii, 4.
(2) L. 9, D., *ibid.*, et l. 4, D., *Si tab. test. null. ext.*, xxxviii, 6.
(3) L. 14, § 1er, D., *De bonor. poss. c. tab.*, xxxvii, 4.

moment du décès de son ascendant naturel. Par
exception à cette règle, l'enfant adoptif pouvait obtenir cette *bonorum possessio* lorsque les conditions sui-
vantes se trouvaient réunies, à savoir : 1° qu'il eût été
institué par son ascendant naturel ; 2° que quelque
autre descendant du même degré eût droit à la *bonorum possessio contra tabulas* ; 3° enfin qu'il ne se
trouvât pas précédé dans sa famille naturelle par son
père. Cette troisième condition n'est pas exigée seulement pour le cas qui nous occupe ; elle l'est pour
tous les cas, de telle sorte que les petits-enfants
restés sous la puissance de l'aïeul seraient exclus par
leur père émancipé ; néanmoins, ce résultat fut modifié par une disposition ajoutée à l'édit par Salvius
Julianus, et d'après laquelle le père émancipé partageait par moitié avec ses enfants demeurés en puissance de l'aïeul.

Maintenant que nous connaissons les héritiers
auxquels le préteur accorde la *bonorum possessio
contra tabulas*, il ne nous reste plus qu'à examiner
brièvement les cas dans lesquels ils peuvent être privés
de cette faveur. Et d'abord l'enfant institué n'a pas
droit, en principe, à la *bonorum possessio contra tabulas*. Si l'institution est conditionnelle, il ne pourra
la demander que lorsque la condition sera défaillie,
et en attendant il aura droit à la *bonorum possessio
secundùm tabulas*, qui est accordée à tout héritier
conditionnel, *pendente conditione*, moyennant cau-
tion. Si l'institution est pure et simple, l'enfant institué ne pourra demander la *bonorum possessio contra*

tabulas qu'au seul cas où un autre enfant omis y aurait droit. L'exhérédation, au contraire, exclut celui qui en est frappé de tout droit à la *bonorum possessio contra tabulas*, mais elle laisse subsister, bien entendu, tous ses droits à l'hérédité *ab intestat*, soit civile, soit prétorienne (1). Il va sans dire que l'exhérédation doit être faite dans les formes tracées par le préteur. Enfin, le droit de demander la *bonorum possessio contra tabulas* cessait lorsque l'enfant qui y aurait eu droit approuvait le testament de son père, par exemple en acceptant le legs qui lui était fait par le testament, ou en faisant adition d'hérédité *ex testamento*, s'il était institué. Dans ce dernier cas, si un autre héritier demandait et obtenait, la *bonorum possessio contra tabulas*, le préteur garantissait à l'enfant institué qui avait fait adition la portion de biens qu'il recueillait *ex testamento*, mais jusqu'à concurrence seulement de la part qu'il aurait obtenue par la *bonorum possessio contra tabulas*.

(1) Il suit de là que si, dans un testament contenant institution d'un étranger, un fils émancipé a été exhérédé et un fils en puissance omis, le fils émancipé aura la moitié de la succession *ab intestat*, le testament étant radicalement nul. Si nous prenons la réciproque, le testament n'est pas nul et l'héritier institué pourra faire adition : alors le fils émancipé obtiendra toute l'hérédité par la *bonorum possessio contra tabulas*. Si, au contraire, l'héritier institué répudie la succession, le testament devenant caduc, l'enfant émancipé et l'enfant en puissance auront chacun la moitié de la succession *ab intestat*.

SECTION III.

DROIT DE JUSTINIEN.

Depuis Justinien nous ne rencontrons plus les distinctions arbitraires dont étaient entachées auparavant
les règles sur l'institution et l'exhérédation : le droit
devient plus uniforme. Le préteur avait, il est vrai,
déjà admis, sans distinction de degrés, que tous les
descendants mâles devraient être exhérédés nominativement et que seuls les descendants par les
femmes pourraient l'être *inter cæteros.* Justinien va
plus loin ; il n'admet plus de distinction fondée soit
sur le degré, soit sur le sexe, et il veut que tous les
descendants sans exception soient exhérédés nominativement : ainsi il ne peut plus y avoir lieu au *jus
adcrescendi.* Il n'est plus tenu compte, dans la matière
qui nous occupe, du lien civil de la puissance paternelle. Le législateur, pour être conséquent, aurait
donc dû imposer les mêmes devoirs à la mère vis-à-
vis de ses enfants. Il n'en est rien cependant, et Justinien laisse subsister dans toute sa rigueur la règle :
*Silentium matris tantùm facit quantùm exheredatio
patris*, en ajoutant qu'à l'égard du testament de leur
mère, les enfants ont un autre recours, *sed aliud eis
adminiculum servatur* (1), qui n'est autre chose que

(1) § 7, I., *De exhered. liber.*, II, 13.

la *querela inofficiosi testamenti*, dont nous traiterons dans le chapitre suivant.

Une autre innovation plus importante de Justinien résulte des nouvelles règles posées par cet empereur en matière d'adoption. Depuis Justinien, l'adoptant, à la différence de l'adrogeant, n'acquiert plus en principe la puissance paternelle sur l'adopté, c'est-à-dire que celui-ci reste *in familiâ patris naturalis*. Par là est évité l'inconvénient qui pouvait se produire autrefois pour l'adopté. Supposons, en effet, avant les réformes de Justinien, un *filiusfamiliâs* donné en adoption. Si, à la mort de son père naturel, il est encore sous la puissance de son père adoptif, il est exclu de la succession de son père naturel, alors même que celui-ci ne l'a pas exhérédé. Plus tard le père adoptif peut émanciper cet enfant, et se le rendant, de cette façon, complétement étranger, l'exclure de sa succession. Depuis la réforme de Justinien, le *paterfamiliâs* qui a donné son fils en adoption reste toujours obligé de l'instituer ou de l'exhéréder, quand bien même il se trouve dans sa famille adoptive; mais, en revanche, l'adoptant n'est plus tenu d'instituer ou d'exhéréder l'adopté, à moins qu'il ne soit son ascendant. Dans ce cas, en effet, les anciennes règles sur l'adoption continuent à être applicables.

Nous noterons, en terminant, que sous Justinien le testament militaire reste privilégié et dispensé de toute formalité. Le militaire n'est donc pas tenu d'instituer ou d'exhéréder ses enfants; seulement, dans

3

le droit nouveau, il faut que le militaire ait testé *in expeditione*, dans le cours d'une campagne (1).

CHAPITRE II.

DE LA QUERELA INOFFICIOSI TESTAMENTI.

Les règles concernant l'exhérédation que nous venons d'étudier dans le chapitre précédent pouvaient gêner la liberté du testateur, mais elles ne l'entravaient pas, comme on a pu le remarquer, car le testateur, en se conformant à ces règles, restait toujours maître de disposer de ses biens en faveur de qui il voulait. L'exhérédation et dans certains cas l'omission suffisait, sans que l'on exigeât qu'elle fût justifiée. Cependant, s'il avait pu paraître difficile de supposer dans un père de famille l'intention de déshériter son enfant quand il ne s'était pas clairement expliqué à cet égard, il était à peu près aussi difficile d'admettre qu'une simple omission ou même une exhérédation formelle pût être prise en considération quand elle n'avait pas de motifs. Pour en arriver là il n'y avait pas un grand pas à faire. Il fut franchi par les Prudents.

Inductum est, nous disent les Instituts, *ut de inofficioso testamento agere possint liberi qui queruntur*

---

(1) § 6, I, *De exhered. lib.,* II, 13.

aut iniquè se exheredatos, aut iniquè præteritos ; hoc colore, quasi non sanæ mentis fuerint cùm testamentum ordinarent. A ces mots : *Inductum est...., hoc colore....,* il est facile de reconnaître que l'innovation dont nous nous occupons est due à l'esprit inventif des Prudents. On a pourtant dit, comme Cujas, que la *querela inofficiosi testamenti* avait été introduite par une loi Glitia, dont on ne connaît que le nom. Cette dernière opinion, qui, du reste, est presque universellement abandonnée, se fonde uniquement sur l'inscription de la loi 4 au Digeste *de inofficioso testamento* (v, 2). On peut fixer l'époque de l'introduction de la *querela inofficiosi testamenti* aux derniers temps de la république.

La *querela inofficiosi testamenti* était de la compétence du grand jury national qui, sous le nom de centumvirs, avait à juger les questions de propriété et d'héritage. Mais quelle est la nature de cette action ? Souvent on la considère comme une action préparatoire à la pétition d'hérédité. Celui, dit-on, qui intente la *querela inofficiosi testamenti* prouve que son exhérédation ou son omission est inique, et que par conséquent le testament doit être rescindé. Puis, lorsqu'il a triomphé, il procède en qualité d'héritier *ab intestat* à la *petitio hereditatis* qu'il n'aurait pu intenter tout d'abord, puisqu'il n'est ni *heres* ni *bonorum possessor :* il ne l'est pas *ex testamento,* cela va sans dire ; il ne l'est pas non plus *ab intestat,* puisqu'il y a un testament qui, jusqu'à nouvel ordre, doit être considéré comme valable, c'est-à-dire jusqu'à ce

qu'on l'ait rescindé comme inofficieux. Cette argumentation n'est qu'un cercle vicieux : il est bien vrai
que la *petitio hereditatis* n'est donnée qu'à l'*heres* et
utilement au *bonorum possessor*, ou du moins à celui
qui se prétend tel. Mais celui qui intente la *querela
inofficiosi testamenti*, contestant la validité même du
testament sur lequel s'appuie son adversaire, prétend, par conséquent, comme dans toute pétition
d'hérédité, avoir droit à cette hérédité, tandis que
son adversaire n'y en aurait aucun. Aussi préférons-
nous l'opinion enseignée par Vinnius (1), d'après laquelle la *querela inofficiosi testamenti* n'est qu'un cas
particulier de la *petitio hereditatis*. Divers textes du Digeste et du Code la confirment d'ailleurs, puisqu'en
parlant de la *querela inofficiosi testamenti*, ils emploient
les expressions : *Hereditatem petere, hereditatem vin-
dicare* (2). Mais il ne faudrait pas croire cependant que
la *querela inofficiosi testamenti* n'a aucun point qui
la distingue de la *petitio hereditatis* ordinaire. Ce serait aller trop loin. Le seul nom de *querela* donné à
notre action nous avertit assez qu'elle participe jusqu'à un certain point de l'*actio injuriarum*. Le *querc-
lans* se plaint d'avoir reçu du testateur une injure imméritée. Aussi cette action n'est-elle accordée à celui
qui la réclame que lorsqu'il n'a absolument aucun au-

---

(1) *Select. jur. quæst.*, lib. I, cap. xix.
(2) V. l. 8, § 8; l. 20; l. 27, §§ 2 et 3 , D., *De inoff. test.*, v, 2; l. 20,
pr. D., *De bonor. poss. c. tab.*, xxxvii, 4, et l. 3, C., *De petit. hered.*,
iii, 31.

tre moyen de faire valoir ses droits (1). De plus, la *querela inofficiosi testamenti* n'est pas, en général, transmissible aux héritiers ; elle s'éteint également si elle n'est pas intentée dans un délai assez court ou si celui qui y a droit a approuvé, même indirectement, le testament qui en est l'objet.

Après ces considérations générales sur la *querela inofficiosi testamenti*, nous allons entrer dans le détail des règles qui lui sont applicables, et afin de mettre de l'ordre dans cette importante matière, nous traiterons successivement dans quatre sections : 1° des testaments qui peuvent être attaqués par la *querela inofficiosi testamenti*; des personnes qui peuvent agir par cette voie et de celles contre lesquelles on peut agir ; 2° des causes qui excluent ou font cesser la *querela* ; 3° des effets de la *querela* admise ou rejetée ; 4° des innovations introduites par Justinien.

SECTION Ire.

QUELS TESTAMENTS PEUVENT ÊTRE ATTAQUÉS PAR LA QUERELA INOFFICIOSI TESTAMENTI. — QUI PEUT INTENTER CETTE ACTION. — CONTRE QUI ELLE PEUT ÊTRE INTENTÉE.

§ 1er. — *Quels testaments peuvent être attaqués par la querela inofficiosi testamenti.*

En principe, tout testament peut être attaqué comme inofficieux, lorsqu'il contient l'exhérédation ou l'omis-

(1) V. cependant *infrà*, p. 11 et 48.

sion de personnes que l'*officium pietatis* faisait au
défunt un devoir d'instituer. Une exception existe
pourtant en faveur des militaires, contre le testament
desquels la *querela* ne peut être intentée pour aucun
motif. Mais cette nouvelle faveur accordée aux militaires ne s'applique, il ne faut pas l'oublier, qu'à ceux
qui meurent *in militiâ* ou dans l'année qui suit leur
congé. Les vétérans n'en jouissent pas, à moins qu'il
ne s'agisse d'un fils de famille testant sur son pécule
castrans ou *quasi castrans*, depuis Justinien (1). Nous
rencontrons une autre exception relative à la substitution pupillaire, c'est-à-dire au testament d'un
impubère fait par son père. Ce testament ne peut être
rescindé par la *querela inofficiosi testamenti*, et la
raison nous en est fournie par Ulpien (2). Si, en effet,
dans le cas de substitution pupillaire, la mère ne peut
l'attaquer par la *querela*, c'est que le testament est
l'œuvre du père et que celui-ci ne doit rien à la mère.
Toutefois, la substitution pupillaire étant partie intégrante, *pars et sequela*, du testament du père, si celui-
ci était rescindé, la substitution pupillaire tomberait
par là même (3). Mais au cas où le testament paternel
n'est rescindé que pour partie, la substitution pupillaire restera valable pour le tout (4).

(1) L. 37, § 1, C., *De inoff. test.*, III, 28.
(2) L. 8, § 5, D., *De inoff. test.*, V, 2.
(3) *Inst.*, lib. II, tit. XVI, § 5.
(4) L. 8, § 5, D., *De inoff. test.*, V, 2.

§ 2. — *Qui peut intenter la* querela inofficiosi testamenti.

La règle est que ceux-là seuls peuvent intenter la
querela, qui sont appelés à l'hérédité *ab intestat* par le
droit civil ou le droit prétorien. Il faut de plus que
ces personnes soient appelées à l'hérédité en ordre
utile, car, sans cela, n'ayant nul intérêt à priver
l'héritier institué d'une succession qu'ils ne pourraient
recueillir, l'action devrait leur être refusée. Aussi
trouvons-nous au Digeste ce texte de Papinien :
*Pater filium emancipavit et nepotem ex eo retinuit ;
emancipatus, suscepto postea filio, duobus exheredatis,
patre præterito, vitâ decessit: in quæstione de inofficioso
testamento,* PRÆCEDENTE CAUSA FILIORUM, PATRIS IN-
TENTIO ADHUC *pendet ; quòd si contra filios judicetur,
pater ad querelam vocatur et suàm intentionem
implere potest* (1) ; et cet autre texte de Paul : *Si is
qui admittitur ad accusationem nolit aut non possit
accusare, an sequens admittatur videndum est, et
placuit posse, ut fiat successioni locus* (2). La règle que
nous posons se dégage clairement de ces deux textes ;
mais ce n'est pas la seule qui y soit renfermée. On
voit de plus, et très clairement, que la *querela* est
transmissible d'ordre à ordre, et que dans le cas où le
premier en ordre ne peut ou ne veut pas agir, celui
qui le suit immédiatement dans l'ordre des succes-

(1) L. 14, D., *De inoffic. testam.,* V, 2.
(2) L. 31, D., *ibid.*

sions *ab intestat* acquiert le droit d'agir. On a trouvé pourtant une loi du Code qui semble en opposition avec celles que nous venons de citer. *Si quis filium suum exheredatum fecerit, alio scripto herede, reliquerit autem ex eo nepotem vel vivum vel in ventre nurûs suæ constitutum, deliberante vero scripto herede filius exheredatus decesserit, nullâ hereditatis petitione ex nomine de inofficioso constitutâ vel præparatâ, omne adjutorium nepotem dereliquit* (1).Justinien, dans ce dernier texte, dit formellement que, dans le cas prévu, le petit-fils, avant sa constitution, ne pouvait intenter la *querela*; l'empereur trouve ce résultat inique et veut l'empêcher. D'où la conséquence, du moins apparente, qu'avant Justinien la *querela inofficiosi testamenti* n'était pas transmissible d'ordre à ordre, contrairement à ce qu'affirment Paul et Papinien. Nous disons que la contradiction n'est qu'apparente, car, à notre avis, ces différents textes peuvent fort bien se concilier. Il suffit pour cela de se bien pénétrer de l'espèce prévue par Justinien, et l'on trouvera qu'il n'avait en vue que la transmissibilité héréditaire de l'action, laquelle, nous l'avons déjà dit, n'a pas lieu au cas où l'ayant droit meurt sans avoir préparé son action. Le petit-fils n'avait aucun droit personnel à la *querela*, parce que, par exemple, il avait été exhérédé justement, tandis que son père l'avait été injustement; par conséquent, pour agir, ce petit-fils avait besoin d'emprunter les droits de son père, et dans l'espèce il

---

(1) L. 34, C., *De inoffic. testam.*, III, 28.

ne le pouvait certainement pas. Si Justinien avait supposé le petit-fils exhérédé injustement, il n'aurait très évidemment pas dit : *omne adjutorium nepotem dereliquit*. Cette explication concorde en tous points avec la suite de la constitution qui nous occupe ; il nous semble donc impossible de la rejeter, et cela, quelque bizarrerie que présente le nouveau système admis par Justinien (1).

Nous venons de voir que pour avoir droit à la *querela*, il faut être appelé à la succession *ab intestat* ; mais tous ceux qui sont appelés à cette succession ne peuvent pas attaquer le testament pour cause d'inofficiosité. *Sciendum est*, nous dit Ulpien, *frequentes esse inofficiosi querelas, omnibus enim tam parentibus quàm liberis de inofficioso licet disputare. Cognati autem proprii, qui sunt ultra fratrem meliùs facerent, si se sumptibus inanibus non vexarent, cùm obtinere spem non haberent* (2). Il n'y a donc que les descendants, les ascendants et certains collatéraux qui puissent intenter la *querela*. Occupons-nous successivement de ces trois classes d'héritiers.

I. *Descendants*. Les descendants peuvent avoir été exhérédés ou simplement omis. Dans le premier cas la *querela* leur compète toujours, du moins en général. Pourtant, s'il s'agit d'un adrogé impubère qui a été exhérédé par l'adrogeant, nous ne pensons pas que la *querela* puisse être admise.

(1) En définitive, Justinien, par sa constitution, vient au secours des petits-enfants qui ont été ingrats envers leur grand-père.
(2) L. 1, D., *De inoff. test.*, v, 2.

On sait, en effet, que depuis la constitution d'Antonin, l'adrogé impubère qui est exhérédé a toujours
droit à la quarte. Or, nous savons aussi que la *querela*
n'est accordée à celui qui la demande qu'autant qu'il
n'a aucune autre ressource à sa disposition. Les
Institutes semblent confirmer cette opinion (1), à
l'appui de laquelle nous pouvons encore citer le texte
suivant d'Ulpien, qui nous fournit un argument *à fortiori* : *Si quis impuber adrogatus sit ex his personis
quæ et citra adoptionem et emancipationem queri de
inofficioso possunt, hunc puto removendum à querela
cùm habeat quartam ex constitutione divi Pii* (2).

Si le descendant n'a été qu'omis dans le testament,
il faut, pour qu'il y ait lieu à la *querela*, supposer que
le testateur n'est pas le père ou l'ascendant paternel
de celui qui réclame, car on sait qu'alors le testament
est nul, d'après le droit civil, si l'omission porte sur
un fils, et d'après le droit prétorien, si c'est un descendant mâle, quel que soit son degré. Nous pouvons
même déjà ajouter que depuis Justinien, les descendants de l'un et de l'autre sexe devant être exhérédés
soit *nominatim*, soit *inter cæteros*, dans aucun cas
le testament de l'ascendant paternel ne pourra être
attaqué par la *querela* pour cause d'omission (3). Mais
nous savons que Justinien a laissé subsister la règle
*Silentium matris tantùm facit quantùm exheredatio
patris;* par conséquent, l'enfant simplement omis dans

(1) § 3, *Inst.*, *De adopt. lib.*
(2) L. 8, § 15, D., *De inoff. test.*, v, 2.
(3) V. pourtant l. 10, pr. C., *De adopt.*, viii, 48.

le testament de sa mère pourra attaquer le testament par la *querela*, et cela depuis le sénatus-consulte Orphitien, sans qu'il y ait à distinguer entre les *legitimi* et les enfants nés *ex concubinatu* ou *vulgò quæsiti*. Avant le sénatus-consulte, les *legitimi* seuls pouvaient intenter la *querela*, et cela dans le cas unique où la mère *in manum mariti convenerat*, car alors elle était pour les enfants *loco sororis*.

Les posthumes ont aussi bien droit à la *querela* que les descendants existant au moment de la confection du testament, alors même qu'ils attaquent le testament d'un ascendant qui n'est pas leur agnat, mais simplement leur cognat. Dans ce cas, il est vrai, on ne pouvait rien reprocher à l'ascendant, puisqu'il ne pouvait, d'après le droit civil, instituer un posthume externe. Mais si cette institution était nulle aux yeux du droit civil, le préteur la validait cependant et envoyait en possession le posthume soit avant, soit après sa naissance. Quant aux enfants adoptifs, il n'y a pas de difficulté : on doit seulement, nous le disons par avance, tenir compte des réformes de Justinien en cette matière. Nous ferons observer aussi que dans le principe une femme ne pouvait adopter ; plus tard l'adoption lui fut permise *jussu principis*. Dans ce cas, le testament de la mère pourrait-il être attaqué comme inofficieux ? Nous le croyons.

II. *Ascendants.* Lorsque les descendants font défaut, ce sont les ascendants qui sont appelés à la *querela inofficiosi testamenti. Etsi parentibus non debetur filiorum hereditas*, dit Papinien, *propter votum parentum*

*et naturalem erga filios caritatem , turbato tamen or-
dine mortalitatis, non minùs parentibus quàm liberis
piè relinqui debet* (1).

Pour que l'ascendant paternel ait droit à la *querela*,
il faut de toute nécessité supposer le testateur sorti
de puissance , car autrement il ne pourrait tester que
sur son pécule *castrans* ou *quasi castrans*, et nous
savons qu'un tel testament est à l'abri de la plainte
d'inofficiosité. La mère pourrait attaquer le testament
de son fils né *ex concubinatu* ou *vulgò quæsitus.*

Nous n'insisterons pas sur les différents cas où les
ascendants ont droit à la *querela.* Toutefois nous devons faire remarquer une circonstance où il était fait
exception à la règle que nous avons posée plus haut, et
d'après laquelle la plainte d'inofficiosité n'était pas
accordée lorsque celui qui y prétendait pouvait agir
par une autre voie. Or, l'ascendant qui avait émancipé son descendant acquérait sur lui les *jura patronatûs*, et le droit prétorien lui accordait une réserve
de la moitié de la succession de ce descendant (*possessio dimidiæ partis bonorum*), réserve qui ne pouvait être enlevée au *parens emancipator* par aucun
autre héritier, si ce n'est par un *suus*, à la différence
de ce qui avait lieu dans le cas d'un *manumissor ex-
traneus*, qui pouvait être privé de sa réserve par la
bonorum possessio unde decem personæ. On pourrait
donc croire que le père émancipateur omis dans le
testament de son fils émancipé n'avait pas droit à la

(1) L. 15, pr. D., *De inoff. test.*, v, 2.

querela, puisque le préteur lui garantissait autrement ses droits successoraux. Il n'en est pourtant rien, parce qu'il ne faut pas confondre les droits qui compètent à l'ascendant en cette qualité et ceux qu'il peut exercer comme patron. *Patrem autem acceptâ bonorum possessione*, nous dit Ulpien, *et jus antiquum* (mots qui se rapportent à la *querela inofficiosi testamenti*) *quod et sinè manumissione habebat, posse sibi defendere Julianus scripsit. Nec enim ei nocere debet, quòd jura patronatûs habebat, quum sit et pater* (1).

III. *Collatéraux*. — A la différence de ce qui existe pour les descendants et les ascendants, qui peuvent intenter la plainte d'inofficiosité, quel que soit leur degré, les collatéraux ne peuvent user de ce droit qu'autant qu'ils sont frères ou sœurs du *de cujus*. D'après une constitution de Constantin, la *querela* n'appartient même pas aux frères utérins, mais seulement aux frères germains et agnats. Depuis Justinien les frères consanguins y ont droit, *durante agnatione, vel non*. De plus, les collatéraux au deuxième degré n'ont pas ce droit d'une manière absolue, mais seulement à l'égard de certains institués, des personnes *turpes* ou *viles*. Cette deuxième condition apposée à l'exercice du droit des collatéraux peut dans certains cas amener une exception à la règle : *Nemo partim testatus, partim intestatus decedere potest*. Il suffit pour cela de supposer que parmi les institués contre lesquels agissent les frères ou sœurs, les uns sont *turpes*

_____

(1) L. 1, § 6, D., *Si à parente qui manum....*, xxxvii, 12.

et les autres *integræ existimationis*. Le testament annulé à l'égard des premiers restera valable à l'égard
des seconds (1).

§ 3. — *Contre qui peut être intentée la* querela inofficiosi testamenti.

La *querela* n'étant, comme nous l'avons vu,
qu'un cas de la *petitio hereditatis*, s'intente comme
cette dernière contre ceux qui prétendent à l'hérédité et la possèdent, c'est-à-dire contre les institués ou contre celui qui les a évincés par la *bonorum possessio contra tabulas*. S'il s'agit d'une hérédité fidéicommissaire, la *querela* devra être dirigée
contre celui à qui les biens ont été restitués. Le fisc
peut avoir recueilli l'hérédité : on agira alors contre
son procureur (2). Enfin la *querela* peut être intentée
même contre l'empereur. *Si imperator sit heres insti-
tutus*, nous dit Ulpien, *posse inofficiosum dici testamentum sæpissimè rescriptum est* (3). Celui qui inten-
tait la *querela* n'avait pas à mettre en cause les légataires ou fidéicommissaires à titre particulier ; néanmoins, comme nous le verrons dans la section III, et
contrairement à la règle *res inter alios acta*, la rescision du testament inofficieux faisait disparaître les
legs et fidéicommis à titre particulier. Les légatai-

(1) Le *jus adcrescendi*, dont nous avons parlé dans le chapitre précédent, était aussi une dérogation à la règle : *Nemo partim....*
(2) L. 10, C., *De inoff. test.*, III, 28.
(3) L. 8, § 2, D., *De inoff. testam.*, v, 2.

res et fidéicommissaires pouvaient seulement intervenir dans l'instance. Avant de passer à la section suivante, nous ferons observer que les principes généraux admis en matière de preuve doivent être suivis dans la *querela*, c'est-à-dire que c'est au demandeur, au *querelans*, à prouver qu'il a été injustement exhérédé ou omis (1). Certains commentateurs ont pourtant soutenu que dans le cas où le *querelans* est un ascendant, ce n'est pas à lui à prouver l'injustice de l'omission, qui, alors, est toujours présumée, mais bien à l'institué à faire la preuve contraire. Cette opinion repose sur la fausse interprétation d'un texte qui ne dit pas du tout que l'ascendant attaquant comme inofficieux le testament de son descendant, est toujours dispensé de la preuve, mais seulement que, même au cas d'omission d'une mère dans le testament de son fils, cette omission peut être justifiée par les circonstances (2).

SECTION II.

DES CAUSES QUI EXCLUENT OU FONT CESSER LA QUERELA
INOFFICIOSI TESTAMENTI.

§ 1er. — *Des causes qui excluent la* querela inofficiosi testamenti.

Elles sont au nombre de trois : 1° l'existence d'un autre recours; 2° les justes causes d'exhérédation;

(1) L. 16, C., *Famil. ercisc.*, III, 36.
(2) L. 2, C., Th., et l. 28, C. J., *De inoff. testam.*, III. 28.

3° la légitime laissée par le défunt ou complétée après sa mort.

I. *Existence d'un autre recours.* — Nous avons déjà, dans un autre endroit, indiqué la règle d'après laquelle, pour avoir droit à la *querela inofficiosi testamenti*, il est nécessaire de ne pas pouvoir agir par une autre voie. Nous avons également signalé une exception à cette règle pour l'ascendant émancipateur (1). Nous nous bornerons ici à faire connaître une nouvelle exception qui était admise lorsque le testament pouvait être infirmé pour diverses causes (2). Si alors on pouvait choisir la voie de la plainte d'inofficiosité, on n'en peut guère trouver la raison que dans cette considération que la plainte d'inofficiosité laissait valoir quelquefois certaines dispositions testamentaires.

II. *Justes causes d'exhérédation ou d'omission.* — Nous avons vu également que celui qui intente la plainte d'inofficiosité se plaint d'une injure imméritée. La première condition à l'existence de la *querela*, c'est donc l'existence d'une injustice. D'où la conséquence que le testament ne pourra être attaqué lorsque l'exhérédation ou l'omission est justifiable. Il y a là, à l'époque qui nous occupe, une question d'appréciation, et les juges avaient, surtout à l'origine, une très grande latitude pour admettre ou rejeter la plainte. Jusqu'à Justinien, nous ne trouvons pas de liste des justes causes d'omission ou d'exhérédation ; mais

_____

(1) V. *sup.*, p. 44 et 45.
(2) L. 8, § 12, D., *De inoff. test.*, v, 2.

plusieurs textes posent des espèces dans lesquelles l'exhérédation ou l'omission étaient évidemment justes : nous croyons inutile de les rapporter ici. Nous nous contenterons de dire que l'exhérédation, qui n'avait été inspirée aux parents que par le désir de sauvegarder les intérêts mêmes de l'exhérédé, ne pouvait donner lieu à la *querela*. C'est ce qui arrivait dans le cas où un père avait laissé à son enfant en bas âge un fidéicommis universel pour l'époque de sa majorité, et encore dans celui où le père dont le fils est fou ou prodigue avait laissé sa fortune à ses petits-enfants.

III. *De la légitime*. — Cette troisième cause d'exclusion de la *querela* nous occupera plus longtemps.

Lorsqu'une plainte d'inofficiosité était intentée, le tribunal centumviral avait à examiner si le testament était ou non conforme à l'*officium pietatis*. La plainte était toujours reconnue fondée et le testament rescindé quand le plaignant, sans l'avoir mérité, se trouvait totalement exclu de la succession. Quand il y était appelé pour une partie moindre que celle qui lui serait revenue *ab intestat*, les centumvirs avaient à apprécier, et bientôt l'on admit qu'il n'y avait pas lieu à accueillir la *querela* quand le plaignant recevait par le testament le quart de ce qu'il aurait eu *ab intestat*. Cette quotité fixée à un quart s'explique par la lecture d'un passage de Pline le Jeune (1), où cet auteur nous raconte que, ayant été choisi comme médiateur entre

_____
(1) *Epist.*, v, 1

4

un fils exhérédé par sa mère et les héritiers institués, il réussit à concilier les parties en tenant au fils le langage suivant : « Aurais-tu le droit de te plaindre si ta mère t'avait institué pour un quart ? ou bien si elle t'avait institué pour le tout, en te chargeant de tant de legs qu'il ne te fût resté qu'un quart ? Donc tu dois être content si, exhérédé par ta mère, tu obtiens, des héritiers institués, un quart. » On voit par là comment la loi *Falcidia* a contribué à fixer ce taux (1) ; aussi la légitime est-elle quelquefois appelée *Falcidia*. Mais ce serait aller trop loin et commettre une confusion évidente que d'attribuer à cette loi la création du principe même de la légitime. Le passage de Pline que nous venons de citer semblerait aussi faire croire que dans le cas d'exhérédation injuste, cas dans lequel la *querela* pouvait être intentée, l'héritier exhérédé n'avait pas droit à plus du quart de la succession. Il n'en est pourtant pas ainsi, du moins à l'époque qui nous occupe. Il suffisait pour avoir droit à la *querela* de n'avoir pas reçu son quart entier ; s'il y manquait la plus petite fraction, le testament était sujet à rescision et la succession *ab intestat* s'ouvrait. Mais bientôt on refusa la *querela* lorsque le testateur avait laissé au légitimaire, par un autre mode de libéralité, de quoi parfaire le quart, ou s'il avait ordonné de le compléter au cas que la quotité laissée fût insuffisante (2). Dans

---

(1) V. l. 21, G., *Famil. ercisc.*, III, 36.

(2) L. 8, § 6, D., *De inoff. test.*, v, 2. Dans les donations entre-vifs faites *in contemplatione legitimæ portionis*, l'action en supplément était naturellement sous-entendue. L. 25, pr., D., *eod. tit.*

ce dernier cas le plaignant avait une action en supplément (*actio suppletoria* ou *expletoria*) qui se distinguait de la *querela inofficiosi testamenti*, d'abord parce qu'elle était purement personnelle, ensuite parce qu'elle n'avait aucun des caractères de l'*actio injuriarum* et qu'elle n'était pas limitée à cinq ans, mais perpétuelle à l'époque classique et trentenaire depuis Théodose II.

Pour que la *querela* fût exclue, il ne suffisait pas que la quarte entière fût laissée à l'ayant droit; il fallait, de plus, que le testateur n'ait imposé au légitimaire aucune charge de nature à diminuer son quart. De même, la quarte laissée sous condition ou à terme n'excluait pas la *querela*, à moins toutefois que la condition n'ait été apposée dans l'intérêt du légitimaire.

Après ces généralités, nous avons à examiner comment doit se calculer la légitime.

Pour cela, il faut se reporter au moment du décès du *de cujus : Si quartam bonorum partem mortis tempore testator reliquit, inspicitur* (1). On fait une masse qui comprend non-seulement les biens dont le défunt n'a pas disposé, *exstantia bona*, mais encore tous ceux qui ne sortent de son patrimoine que par sa mort elle-même, comme les legs, etc. (2). Puis on dé-

---

(1) L. 6, C., *De inoff. testam.*, III, 38.

(2) L. 2, C., *De donat. causâ mortis*, VIII, 54. Les donations à cause de mort étaient assimilées aux legs et aux fidéicommis; mais les biens donnés entre vifs n'entraient pas dans la masse sur laquelle se calculait la réserve. On remédia à cet inconvénient par l'institution de la *querela inofficiosæ donationis*. V. l. 87, § 3, D., *De legatis*, XXXI, 2°.

duit les dettes, les frais funéraires et le prix des esclaves affranchis par le testament (1). Ces différentes
règles étaient celles suivies pour la quarte Falcidie.
Ulpien nous apprend même que c'était par analogie
de ce qui se passait dans ce cas que l'on avait admis
pour le calcul de la légitime la déduction du prix des
affranchissements (2). Le legs de la liberté est cependant un legs comme un autre, et nous venons de voir
que ce qui a été légué par le *de cujus* entre dans la
masse sur laquelle se calcule la légitime. Cette différence s'explique par cette considération que si l'on
avait admis que le nombre des affranchissements pût
être réduit, on aurait su par lesquels commencer la
réduction : pour ne pas commettre d'injustice, il fallait
tous les anéantir ou tous les maintenir, et la faveur
due à la liberté fit adopter ce second parti. Il pourrait
se présenter, il est vrai, un inconvénient très grave
dans certaines espèces prévues au Digeste. *Cùm igi-*
tur placet quartam minui per libertates, eveniet ut
qui servos tantum habet in patrimonio suo, aando eis
libertatem, inofficiosi querelam excludat : nisi fortè
hic filius, si non fuit in potestate patris, meritò omittat
hereditatem et ad substitutum transmittens, querelam
inofficiosi instituet : vel ab intestato citra edicti pœ-
nam, habeat hereditatem (3).

L'enfant n'avait, dans ce cas, aucune ressource s'il

(1) PAUL, *Sent.*, IV, V, § 6.
(2) L. 8, § 9, D., *De inoff. testam.*, V, 2.
(3) L. 9, *in fine*, D., *De inoff. test.*, V, 2. En rapportant ce texte d'Ulpien, les compilateurs du Digeste ont supprimé le mot *duo* entre les

était sous la puissance de son père, parce qu'alors
étant *heres necessarius ex testamento*, les esclaves
affranchis obtenaient inévitablement la liberté. Si,
au contraire, l'enfant était sorti de la puissance de
son père, il n'était plus *heres necessarius*, et, ne faisant pas adition, l'hérédité passait au substitué, s'il
y en avait un, contre lequel il faisait rescinder le testament et, par suite, les affranchissements, au moyen
de la *querela inofficiosi testamenti :* au cas où il n'y
avait pas de substitué, l'enfant venait à la succession
ab intestat, citra edicti pœnam, c'est-à-dire sans être
repoussé par cette disposition de l'édit qui n'accordait
pas la *bonorum possessio* à celui qui, institué héritier,
n'avait pas fait adition comme dans notre espèce,
précisément pour n'avoir pas à acquitter les legs (1).

Il ne nous reste plus qu'à examiner une question
relative au calcul de la légitime. Jusqu'à pré-

---

mots *tantum* et *habet* afin de le mettre en rapport avec la législation de
Justinien qui abrogea la loi *Furia Caninia.*

(1) Nous venons de voir que la légitime ne se calculait que sur les
biens existants au moment du décès et sur ceux qui ne sortaient de la
succession que par la mort du *de cujus*. De cette façon, il pouvait arriver que la légitime fût excessivement minime, puisque le testateur pouvait, de son vivant, disposer comme bon lui semblait de tous ses biens.
Ce résultat fâcheux fut, il est vrai, atténué, 1° en matière d'affranchisse-
ment, par la loi *Furia*; 2° en matière de donations, par la loi *Cincia*;
mais cette dernière loi, outre qu'elle était *imperfecta*, était loin de remplir son but. Ce ne fut que par l'institution de la *querela inofficiosæ donationis* que l'on parvint à protéger efficacement les légitimaires. Cette
action, calquée sur la *querela inofficiosi testamenti*, permettait de faire
réduire, mais non d'annuler en entier les donations exagérées. — Nous
n'insistons pas sur une matière qui se lie, il est vrai, mais seulement
d'une façon accessoire à notre sujet.

sent nous n'avons supposé qu'un seul ayant droit à
la quarte. S'il y en a plusieurs et que tous fassent valoir leurs droits, nous ne rencontrons pas de difficulté. Mais si parmi les légitimaires, les uns agissent
tandis que les autres renoncent à la *querela*, sur quelle
base fera-t-on le calcul? Les enfants renonçants se-
ront-ils comptés, et l'héritier institué bénéficiera-t-il
ainsi de leur renonciation? Examinons ce que disent
les textes : Paul s'exprime en ces termes : *Qui repu-
diantis animo non venit ad accusationem inofficiosi
testamenti, partem non facit his qui eamdem querelam movere volunt* (1). Ces mots *partem non facit*, si-
gnifient ne fait pas nombre, ne compte pas. Ailleurs
le même jurisconsulte dit : *Si duo sint filii exheredati et
ambo de inofficioso testamento egerunt, et unus postea
constituit non agere, pars ejus alteri adcrescit. Idem-
que erit, etsi tempore exclusus sit* (2). Ces deux textes,
d'accord avec un autre de Papinien (3), nous disent clairement que l'enfant renonçant ne doit pas être compté,
et admettent l'accroissement dans la *querela*. Mais on
oppose un texte d'Ulpien rapportant l'opinion de Papinien et disant que le renonçant compte pour une
part : *Quoniam autem quarta debitæ portionis sufficit
ad excludendam querelam, videndum erit an exheredatus partem faciat qui non queritur, utputa, sumus duo
filii exheredati. Et utique faciet, ut Papinianus respon-*

(1) L. 17, pr., D., *De inoff. test.*, v, 2.
(2) L. 23, § 2, D., *De inoff. test.*, v, 2.
(3) L. 13, D., *De inoff. test.*, v, 2.

dit. Et si dicam inofficiosum, non totam hereditatem debeo petere, sed dimidiam (1). Il faut concilier ces deux décisions. Cela ne sera pas bien difficile, si nous faisons attention que les circonstances ne sont point les mêmes. L'espèce prévue par les deux textes de Paul que nous avons cités est celle-ci : deux légitimaires sont en présence : si l'un triomphe dans sa plainte d'inofficiosité, l'autre en profitera et pourra réclamer contre celui qui est son cohéritier sa part *ab intestat*. Mais si nous supposons que ce dernier a succombé antérieurement dans son action, ou qu'il a laissé passer le délai pour agir, ou bien encore qu'il renonce, le légitimaire qui a obtenu la rescision du testament conserve l'hérédité dans son entier. Il y a accroissement à son profit, ou plutôt il y a non-décroissement, parce qu'il s'agit d'une *petitio hereditatis* à laquelle les ayants droit sont tous appelés conjointement et chacun *in solidum*, de telle sorte que *concursu partes fiunt :* les parts répudiées ou perdues par les uns sont acquises à ceux qui ont triomphé, *quasi centumviri hos solos filios in rebus humanis esse crediderunt*. Arrivant maintenant au texte d'Ulpien, nous voyons que le cas est tout autre. Il ne s'agit plus de savoir si le *querelans* qui a obtenu gain de cause pourra conserver toute l'hérédité à l'encontre de l'institué, lorsque son cohéritier s'abstient de toute réclamation. Il s'agit, au contraire, de savoir si les légitimaires ont reçu leur quarte. Pour l'un, il n'y a pas

(1) L. 8, § 8, D., *De inoff. test.*, v, 2.

de difficultés, puisqu'il ne réclame rien : il n'a pourtant peut-être pas reçu sa part entière; il n'a même, si l'on veut, rien reçu : quels sont les droits de l'autre? Peut-il, à supposer que son cohéritier n'ait rien pris dans la succession, dire que sa part doit être du quart de toute l'hérédité, ou doit-il seulement dire qu'elle est du quart de la moitié, c'est-à-dire du huitième? Evidemment il ne peut prétendre qu'au huitième de l'hérédité, et c'est bien certainement ce qu'a voulu dire Ulpien par ces mots : *Non totam hereditatem debeo, sed dimidiam petere* (1). Ainsi l'enfant renonçant, soit qu'il ait reçu sa quarte, soit qu'il n'ait reçu qu'une portion inférieure ou même rien du tout, doit être compté pour l'évaluation de la légitime. Quant aux enfants institués héritiers, aux enfants indûment exclus et exerçant leurs droits par la *querela*, aux enfants exhérédés, mais pourvus de la légitime, il n'est pas douteux qu'on doit les faire entrer en ligne de compte.

§ 2. — *Des causes qui font cesser la* querela inofficiosi testamenti.

Elles sont également au nombre de trois : 1° la renonciation expresse ou tacite; 2° l'expiration du délai fixé par la loi, et 3° le décès de l'ayant droit.

I. *Renonciation expresse ou tacite.* — Le droit d'intenter la *querela* est perdu pour le légitimaire qui a

---

(1) V., du reste, la l. 19, D., *De inoff. test.*, v, 2.

approuvé le testament en réclamant un legs que lui a fait le *de cujus*. Dans le cas même où le legs est réclamé comme avocat ou comme procureur pour un tiers, le droit à la *querela* est perdu. Mais il n'en est pas de même quand celui qui réclame est tuteur du légataire : *Si tutor, nomine pupilli cujus tutelam gerebat, ex testamento patris sui legatum acceperit, cùm nihil erat ipsi tutori relictum à patre suo, nihilominùs poterit nomine suo de inofficioso patris testamento agere* (1).

La renonciation peut aussi avoir lieu d'une façon expresse : elle ne serait pas valable si elle résultait d'un pacte fait entre le testateur et le légitimaire (2), alors même que la renonciation aurait été achetée par un avantage, comme une donation (3). Il résulte de là que la transaction doit être faite avec les institués, et après la mort du testateur (4).

Celui qui, ayant intenté la *querela*, s'en désistait *inter moras litis*, ne pouvait plus reprendre les poursuites, à moins que son désistement n'eût été le résultat d'un dol pratiqué par l'*heres scriptus*.

II. *De l'expiration du délai*. — Celui qui avait droit à la *querela* devait, à peine de déchéance, agir dans un certain délai. Ce délai était d'après Pline le Jeune (5) de deux ans, mais il fut ensuite porté à cinq

(1) I, § 4, *De inoff. test.*, II, 16.
(2) PAUL, *Sent.*, IV, V, 8.
(3) L. 16, D., *De suis et legit.*, XXXVIII, 16.
(4) L. 31, § 4, D., *De inoff. test.*, V, 2.
(5) *Epist.*, V, 1.

ans. Les jurisconsultes n'étaient point d'accord sur le
point de départ de ce délai : les uns le faisaient courir
du décès du *de cujus*, les autres seulement du jour de
l'adition d'hérédité. C'est la seconde opinion qu'adopta
Justinien. Ce délai était suspendu pour les mineurs de
vingt-cinq ans, les majeurs étaient même quelquefois
relevés de la déchéance résultant de l'expiration du
délai, mais seulement *magnâ ex causâ*, et dans ce cas
les affranchissements testamentaires étaient maintenus malgré la rescision du testament, à la charge
par les affranchis de payer au légitimaire vingt sous
d'or, prix ordinaire d'un esclave.

III. *Décès de l'ayant droit.* — Nous avons déjà indiqué ailleurs que la *querela*, participant en quelque
façon à l'*actio injuriarum*, avait un caractère personnel
qui empêchait sa transmissibilité aux héritiers de
l'ayant droit. Si cependant celui-ci avait déjà préparé
ou commencé la poursuite, ses héritiers pouvaient la
continuer, pourvu toutefois que le légitimaire ait
persévéré dans son intention jusqu'à sa mort. L'instance est suffisamment préparée lorsqu'il y a eu
denuntiatio litis ou remise du *libellus conventionis*.
Plus tard, il suffit même que les héritiers puissent
prouver l'intention du défunt de commencer les poursuites. Justinien, nous l'avons déjà vu, introduisit
sur ce point une innovation en vertu de laquelle le
fils pouvait toujours intenter la *querela* quand son
père y avait eu droit (1).

(1) V. *suprà*, p. 40.

SECTION III.

I. Lorsque la plainte d'inofficiosité réussit, le testament est rescindé, ainsi que nous l'avons vu. *Si ex causâ inofficiosi cognoverit judex*, nous dit Ulpien, *nec fuerit provocatum, ipso jure rescisum est, et suus heres erit secundùm quem judicatum est ; et bonorum possessor, si hoc se contendit : et libertates ipso jure non valent, nec legata debentur : sed soluta repetuntur aut ab eo qui solvit, aut ab eo qui obtinuit : et hæc utili actione repetuntur. Fere autem, si ante controversiam motam soluta sunt, qui obtinuit repetit : et ita divus Hadrianus et divus Pius rescripserunt* (1). Ce texte, qui mérite attention, nous indique fort bien les effets résultants de la rescision du testament obtenue par la *querela*. Les affranchissements testamentaires sont nuls et les legs ne sont pas dus : en un mot, c'est l'hérédité *ab intestat* qui se trouve ouverte. En ce qui concerne les legs, nous avons quelques explications à donner pour le cas où ils auraient déjà été payés par l'héritier institué. Evidemment les légataires ont reçu ce qui ne leur était pas dû et ils doivent par conséquent restituer : mais qui, de l'héritier institué ou du légitimaire victorieux, aura le droit de réclamer cette restitution, et par quelle voie devra-t-on agir ? Et

(1) L. 8, § 16, D., *De inoff. test.*, v, 2.

d'abord, pour savoir qui doit demander la restitution aux légataires, il faut distinguer si l'héritier a payé les legs *ante motam controversiam*, ou s'il ne les a payés que depuis le commencement du procès. Dans le premier cas, l'*heres scriptus*, s'il est de bonne foi, n'est tenu vis-à-vis du légitimaire que de lui céder les actions qu'il a contre les légataires, et cela par application du sénatus-consulte Juventien. Si, au contraire, l'*heres scriptus* a payé après le commencement du procès, ou s'il a payé avant, mais étant de mauvaise foi (ce qui se présentera fort rarement, il est vrai), il doit au légitimaire la valeur des objets donnés aux légataires, alors même qu'il les aurait payés *de suo :* l'*heres scriptus* agira donc contre les légataires à ses risques et périls pour se faire rembourser, en employant la *condictio indebiti*. Mais par quelle voie agira le légitimaire lorsque ce sera à lui d'actionner les légataires ? L'*heres scriptus* sera tenu de lui transporter les actions qu'il avait, en le constituant *procurator in rem suam*. Cela n'était même plus nécessaire depuis un rescrit d'Adrien qui accordait au légitimaire une *condictio indebiti utilis* (1). Comme on a pu le remarquer, ce sont les principes admis pour l'*hereditatis petitio* que l'on applique ici, et il ne faut pas oublier que la rescision du testament n'ayant pas d'effet rétroactif, ce n'est qu'à partir du moment où il a triomphé dans sa plainte d'inofficiosité que le légitimaire représente le défunt. C'est pour cette

---

(1) L. 2, § 1, D., *De condict. indeb.*, xii, 6.

raison que le légitimaire ne peut agir contre les légataires pour se faire rembourser que par une *condictio
indebiti utilis*, et non par une revendication pure et
simple. Pour la même raison, les paiements faits par
les débiteurs du défunt à l'héritier, ou réciproquement
par celui-ci aux créanciers de la succession, sont
valables lorsqu'ils sont faits *ante motam controversiam.*

Il ne faudrait pas cependant croire que la rescision
du testament inofficieux n'a, sous aucun rapport,
d'effet rétroactif. On sait que l'adition d'hérédité opère
la confusion des dettes et des créances que l'héritier
et le défunt pouvaient avoir réciproquement l'un
contre l'autre. Or, cette confusion devait nécessairement être anéantie par la rescision du testament, et
c'est, en effet, ce qui a lieu (1).

La rescision du testament, nous l'avons dit, entraîne
la nullité des legs et des affranchissements, et cela
alors même que les légataires n'ont pas été parties à
l'instance, malgré les principes admis en matière de
chose jugée : *res inter alios, etc.* Cette règle souffre
exception dans divers cas; nous en avons déjà ren-
contré un qui est celui où *ex magnâ causâ* la *querela*
est admise après le délai fixé par la loi : cette exception est toute naturelle, d'autant plus que chaque
affranchi est alors tenu de payer au légitimaire les vingt
sous d'or, prix ordinaire d'un esclave (2). Les affranchissements fidéicommissaires sont aussi mainte-

(1) L. 21, § 2, D., *De inoff. test.*, v, 2.
(2) L. 8, § 17, D., *ibid.*

nus sous la même obligation pour les affranchis [1]. D'autres exceptions peuvent encore être signalées. La première est celle admise lorsque la *querela* était intentée par un militaire omis par sa mère par erreur ou parce qu'elle le croyait mort ; malgré le gain du procès par le *querelans*, les affranchissements, legs et fidéicommis étaient maintenus [2]. La même solution était admise pour le cas où le *querelans*, quel qu'il soit, avait gagné son procès par défaut [3].

Jusqu'à présent nous n'avons supposé qu'une rescision totale du testament ; dans diverses circonstances, cependant, la rescision peut n'être que partielle ; alors nous voyons qu'il est fait exception à la règle : *Nemo partim testatus*, etc. Ce résultat n'était point absurde, nous dit Papinien [4], et, en effet, il ne se produit que postérieurement au décès, *ex post facto*, dit Cujas, qui ajoute un peu plus loin : *qui fit intestatus* (dans le cas d'une plainte d'inofficiosité), *videtur esse, nec tamen fuit ab initio* [5].

En effet, si le résultat que nous constatons était concomitant au décès, la règle : *Nemo partim testatus*, etc., exigerait que le testament fût annulé dans son entier, comme nous l'avons vu pour le cas où un testateur a institué deux étrangers avec substitution,

---

[1] L. 9, D., *De inoff. test.*, v, 2.
[2] L. 28, D., *ibid.*
[3] L. 17, § 1, et l. 18, D., *ibid.;* l. 14, § 1, D., *De appell. et relat.*, XLIX, 1.
[4] L. 15, § 2, D., *De inoff. test.*, v, 2.
[5] *Comment. ad Pap. quæst. lib.* XIV, *ad dict. leg.* 15, § 2.

un posthume ayant été exhérédé à l'égard des institués et omis à l'égard des substitués : si l'un des institués fait défaut, le testament sera entièrement nul.

Nous avons déjà remarqué un cas de nullité partielle lorsque la *querela* est intentée par un frère ou
une sœur, et que les héritiers institués sont de condition différente. Certains commentateurs [1] ont cru
voir également un cas où le testament n'était que
partiellement annulé dans la loi 8, § 8, D., *De inoff.
test.* C'est à tort, suivant nous, et l'explication que
nous avons donnée de cette loi d'Ulpien, à la page 55,
suffit pour le prouver, sans que nous ayons besoin
d'insister ici de nouveau.

Avant d'examiner les effets de cette rescision partielle du testament, nous ferons remarquer que dans
une espèce prévue au Digeste il peut se faire qu'un
légitimaire soit tout à la fois héritier testamentaire et
ab intestat du *de cujus*. Cette espèce est celle où un
légitimaire a été institué pour une partie moindre
que celle qu'il aurait eue *ab intestat*, mais plus élevée
ou du moins égale à sa quarte : ce légitimaire ne
pourra pas agir par la *querela*, mais si un autre légitimaire a été omis ou injustement exhérédé, ce dernier y aura droit, et s'il triomphe vis-à-vis de l'institué
étranger, le seul contre qui il puisse agir, il recueillera
seulement sa portion *ab intestat*, et le surplus sera

---

[1] Entre autres M. Demangeat, t. I, p. 692. M. Boissonnade semble
aussi adopter la même opinion que le précédent dans son *Histoire de la
réserve héréditaire*, p. 107 *in fine* et 108.

attribué à l'autre légitimaire pourvu de sa quarte, qui de cette façon sera héritier testamentaire pour sa quarte et héritier *ab intestat* pour le surplus.

Dans le cas de nullité partielle du testament, les legs de nature divisible sont infirmés pour partie : quant aux affranchissements, ils subsistent en entier, à la charge pour les affranchis d'indemniser le légitimaire. S'il s'agissait d'un autre legs indivisible, le légataire, qui ne peut poursuivre que l'héritier institué, lequel est tenu seulement pour partie, n'obtiendrait que la part de la valeur estimative du legs correspondant à la portion de l'hérédité recueillie par l'institué, à moins pourtant que le légitimaire ne consente à accomplir le legs dans son entier, auquel cas le légataire devrait l'indemniser dans la proportion inverse [1]. Nous savons déjà que dans le cas de rescision partielle du testament, la substitution pupillaire subsistait dans son entier.

II. Lorsque la plainte d'inofficiosité n'est pas fondée, le *querelans* qui perd son procès est privé de toutes les libéralités auxquelles il avait droit par le testament. C'est, en quelque sorte, une punition de l'injure faite à la mémoire du défunt et une espèce de *pœna temere litigantium* [2]. Les biens dont est privé le *querelans* ne sont pas attribués à l'institué, mais au fisc.

Si le *querelans* se plaignait d'avoir été obligé de res-

---

[1] L. 76, pr., D., *De legatis*, xxxi, 2°.
[2] L. 8, § 14, D., *De inoff. test.*, v, 2.

tituer toute l'hérédité à un fidéicommissaire et qu'il succombât, il n'avait pas le droit de retenir la quarte pégasienne (1). Quant à l'adrogé impubère, on ne le privait pas de la quarte antonine (2). Cette punition infligée au *querelans* qui avait succombé n'était pas encourue en cas de désistement avant la sentence ; elle ne l'était pas non plus par ceux qui n'avaient pas agi en leur propre nom, ni par ceux qui n'avaient fait que continuer après le décès du légitimaire la poursuite déjà intentée par lui (3).

SECTION IV.

DES INNOVATIONS INTRODUITES PAR JUSTINIEN.

Parmi les nombreuses innovations introduites en notre matière par Justinien, il en est déjà plusieurs que nous avons signalées par avance dans les précédentes sections. Comme elles ne présentent qu'une importance secondaire, nous croyons pouvoir nous dispenser d'y revenir. Nous n'insisterons pas davantage sur quelques autres innovations également peu importantes au point de vue théorique, mais nous nous bornerons à les énumérer brièvement, réservant les détails pour les parties qui présentent un intérêt sérieux.

(1) L. 8, § 14, D., *De inoff. test.*, v, 2.
(2) L. 8, D., *De inoff. test.*, v, 2.
(3) § 5, I, *De inoff. test.*, lib. II, tit. xvi.

Et d'abord nous ferons remarquer : 1° que les enfants orthodoxes et ayant des parents hérétiques peuvent, lors même qu'ils auraient reçu leur légitime, intenter la *querela* et obtenir par ce moyen leur part *ab intestat* tout entière, pourvu qu'ils n'aient aucun tort à se reprocher. Dans le cas contraire, ils auraient droit seulement à leur légitime, dont ils ne peuvent être privés même pour cause d'ingratitude; 2° que Justinien, en voulant que les ascendants soient primés dans la succession *ab intestat* en tout ou en partie par les frères et sœurs, transféra par là même le droit à la *querela* des premiers aux seconds; depuis les novelles cxviii et cxxvii, les ascendants sont toujours appelés à concourir avec les frères et sœurs germains (1).

Une autre innovation de Justinien est relative aux justes causes d'exhérédation ou d'omission. Nous avons vu que, dans le principe, le juge qui connaissait de la plainte d'inofficiosité avait un large pouvoir d'appréciation pour décider si la plainte était ou non fondée. Les textes ne nous donnent pour l'époque classique aucune énumération des cas dans lesquels

---

(1) Par suite de cette vocation simultanée des ascendants et des collatéraux au deuxième degré, on pourrait croire que désormais ces derniers n'ont plus besoin, pour triompher dans la *querela*, d'avoir en face d'eux des institués *turpes*; mais ce serait à tort, car autre chose est la vocation à la succession *ab intestat*, autre chose est le droit à la *querela*. Cependant, si les ascendants usaient de leur droit et faisaient rescinder le testament comme inofficieux, nous pensons, contrairement à l'opinion de Voët *(ad Pand., tit. de inoffic. test.,* n° xi), que les frères et sœurs profiteraient de cette rescision et concourraient avec les ascendants.

l'exhérédation est juste ou injuste, et les décisions
des jurisconsultes que nous trouvons éparses dans le
Digeste ne sont jamais que des décisions d'espèces.
Justinien fit cesser l'arbitraire qui régnait sur ce point.
Dans la novelle cxv il fixe quatorze cas dans lesquels
il est permis aux ascendants de déshériter leurs enfants, et huit cas dans lesquels ces derniers peuvent
valablement omettre leurs ascendants. Quant aux collatéraux ayant droit à la *querela*, la novelle xxvi,
ch. 47, pr., fixe les trois cas dans lesquels ils ne peuvent
agir même contre des institués *turpes*. Non-seulement
le légitimaire exhérédé doit se trouver dans l'un des
cas indiqués par le législateur, mais il faut encore que
le *de cujus* prenne soin de mentionner la cause pour
laquelle il l'exclut de sa succession. A défaut de cette
mention le testament ne serait pas nul de plein droit,
ainsi qu'on l'a quelquefois soutenu, mais la nullité devrait être demandée en justice, et elle serait prononc-
cée, sans que les institués soient admis à prouver que
l'exhérédation était juste (1).

Le motif qui a déterminé Justinien à fixer ainsi,
pour les différents ordres de légitimaires, les justes
causes d'exhérédation ou d'omission, nous avertit
assez que l'énumération contenue dans les novelles
cxv et xxvi n'est pas purement énonciative, mais bien
limitative. Voët cependant propose des cas où par
à fortiori la *querela* devrait être refusée au légitimaire.
Si Voët se fût borné là, son système à coup sûr eût

(1) L. 30, pr., C., *De inoff. test.*, III, 28.

été fort acceptable, mais il va plus loin et refuse la *querela* pour toutes causes non énumérées dans les novelles ci-dessus citées et égales à celles qui y sont énoncées. Dans ces conditions, le système doit être rejeté, du moins dans son trop d'extension, et cela non-seulement parce qu'il aurait pour conséquence de ramener l'arbitraire que le législateur voulait bannir, mais encore parce qu'il est formellement contraire aux termes de la novelle cxv (1). Nous ne faisons pas connaître ici les justes causes d'exhérédation ou d'omission admises par Justinien; cette indication ne présente, en effet, d'intérêt qu'au point de vue pratique. Nous préférons dire quelques mots de la question de preuve. Nous avons vu qu'à l'époque classique (2), c'était au *querelans* qu'incombait le fardeau dela preuve, et cela, quelle que fût sa qualité, c'est-à-dire sans s'inquiéter s'il s'agissait d'un ascendant ou d'un descendant. A l'époque de Justinien, au contraire, les plaignants n'ont pas à prouver; car la *querela* est admise, *nisi*, dit la novelle cxv, *forsan probentur ingrati*. Cela pourrait, il est vrai, s'entendre à la rigueur de la nécessité imposée au testateur de mentionner la clause d'exclusion. Il n'en est rien cependant, car la même novelle dit ailleurs : *Si ingratitudinis causam parentes in testamento inseruerint, et scripti heredes veram esse monstraverint, testamentum suam firmitatem habebit*, texte duquel il résulte ma-

---

(1) Ch. 1er, pr.
(2) V. suprà, p. 47.

nifestement que le fardeau de la preuve incombe aux institués, et que les plaignants n'ont qu'à rester sur la défensive.

Nous arrivons aux innovations les plus graves que Justinien ait introduites en matière de légitime : elles sont relatives à la quotité de la légitime, au titre auquel elle doit être laissée, et à sa nature.

Quotité de la légitime. Avant Justinien, le testateur, pour mettre son testament à l'abri de la rescision, devait laisser à certains héritiers au moins le quart des biens qu'ils auraient recueillis *ab intestat.* Justinien trouva ce chiffre trop peu élevé. Il ne comprend pas que des enfants légitimes qui ont toujours bien agi envers leurs parents, et à l'égard de qui ces derniers se reconnaissent même tenus d'une dette naturelle, soient réduits, quelque nombreux qu'ils puissent être, à un quart des biens laissés par leurs ascendants, tandis que le surplus de la succession est recueilli par des étrangers ou même par des affranchis, qui insultent par leur opulence aux héritiers du sang privés presque du nécessaire et réduits à la pauvreté (1).

C'est pour ces motifs, que l'on reproduit aujourd'hui pour défendre la réserve héréditaire dans notre droit, que Justinien décide (*nov.* xviii, chap. 1er) que le défunt ayant un, deux, trois ou quatre enfants, doit leur laisser au moins le tiers de ses biens ; lorsque le nombre des enfants est supérieur à quatre, la légitime doit être de la moitié de la succession. L'em-

(1) *Nov.* xviii, *præf., in fine.*

pereur ajoute, à la fin du chapitre, que cette élévation du taux de la légitime n'est pas restreinte au cas où les légitimaires sont des descendants du *de cujus*, mais qu'elle est encore applicable dans les autres cas, c'est-à-dire quand les légitimaires sont des ascendants ou des frères et sœurs du testateur : *hoc observando in omnibus personis in quibus ab initio antiquæ quartæ ratio de inofficioso lege decreta est.*

Cette élévation de la quotité de la légitime, laquelle, depuis Justinien, n'est plus uniforme, mais varie suivant le nombre des légitimaires, peut donner lieu à un résultat bizarre qu'aucun interprète n'a manqué de signaler. Supposons que le défunt ait quatre enfants, chaque enfant aura un quart du tiers, soit $1/12^e$ de la succession. Si nous supposons cinq enfants au lieu de quatre, la légitime étant de moitié, chaque enfant aura alors $1/10^e$ de la succession, de telle sorte que la légitime de chaque enfant est plus forte quand le nombre de ces enfants est plus considérable, tandis que la raison voudrait qu'elle diminuât dès que le nombre des enfants vient à augmenter. Toutefois cette imperfection du système disparaît lorsqu'il y a six enfants ou davantage, car, à partir de ce nombre, la part de chacun diminuera à mesure que le nombre des enfants augmentera.

Pour calculer la légitime, il faut employer le même mode que nous avons indiqué pour l'époque classique; ainsi on ne comptera que les biens existant au moment du décès, et on déduira les dettes et les frais funéraires. Quant aux donations exagérées faites soit

à l'un des enfants, soit à un étranger, elles pourront
être attaquées comme inofficieuses (*querela inofficiosæ
donationis, inofficiosæ dotis*). A propos de ces donations' exagérées *faites à l'un des légitimaires*, une
question que nous verrons se reproduire plus tard, et
donner lieu à de grandes controverses, s'était pré-
sentée dans la pratique. On s'était demandé si l'enfant
gratifié d'une donation exagérée pouvait, après avoir
renoncé à la succession, retenir la donation, par imputation, dans la mesure de la légitime réunie à la portion de biens qui aurait pu être donnée à un étranger.
Justinien résout la question affirmativement et autorise le cumul (1).

*Nature de la légitime; à quel titre elle doit être
laissée.* Sous Justinien, il ne suffit plus que la portion
de la succession fixée par la loi soit laissée au légitimaire à un titre quelconque. Pour que le droit du légitimaire à la *querela* soit exclu, il faut absolument
que le testateur laisse la légitime par voie d'institution d'héritier. Le motif de cette innovation est indiqué par le législateur dans la novelle cxv, ch. 5, pr.
Bien qu'il laisse supposer que c'est surtout *honoris
causâ* que le légitimaire doit venir à la succession,
comme héritier et non comme simple légataire ou
fidéicommissaire, il ne faudrait pourtant pas croire
que l'innovation de Justinien est sans de grandes conséquences. Bien au contraire, nous allons voir de
quelle importance a été cette réforme. Et d'abord, si

(1) *Nov.* xcii, c. i.

le légitimaire n'a pas été institué héritier pour une
quote-part de la succession, ou au moins *ex certis rebus*, il a la *querela* par laquelle il fera rescinder le testament pour venir ensuite à la succession *ab intestat*.
D'un autre côté, la vocation des légitimaires est collective, ce qui n'avait pas lieu dans l'ancien droit, si
ce n'est dans le seul cas où le testateur avait institué
les légitimaires pour une quote-part de ses biens.
Comme conséquence, l'accroissement dans la légitime,
qui n'avait lieu que tout à fait exceptionnellement à
l'époque classique, aura toujours lieu sous Justinien,
à moins pourtant que l'institution du légitimaire n'ait
été faite *ex certis rebus*, auquel cas il est bien évident
que le légitimaire ainsi institué n'aura jamais droit
qu'aux choses faisant l'objet de l'institution. Il ne faudrait pas aller jusqu'à dire que l'innovation de Justinien, qui nous occupe en ce moment, a eu pour conséquence de donner droit à la *querela*, lorsque l'institution d'héritier ne comprenait pas la légitime tout entière, si d'ailleurs les avantages recueillis par le légitimaire en une autre qualité que celle d'héritier étaient
suffisants pour parfaire la légitime. Ce qui montre, du
reste, suffisamment que les libéralités, qui précédemment s'imputaient sur la légitime, doivent encore être
imputées du temps de Justinien, c'est que depuis cet
empereur, du moment où le légitimaire a reçu du défunt le titre d'héritier, quelle que soit la part à laquelle
il est appelé en cette qualité, fût-elle inférieure à la
légitime, le droit à la *querela* n'existe plus, le légitimaire lésé quant à la quotité de sa légitime n'a plus

qu'une action en supplément, l'ordre de compléter la légitime *boni viri arbitratu* étant toujours sous-entendu dans le testament [1].

Il n'y a rien là que de très naturel, car on doit évidemment n'accorder la *querela*, dont l'effet est d'anéantir le testament dans son entier, que dans le cas où il est absolument indispensable de venir au secours du légitimaire. Aussi voyons-nous les empereurs du Bas-Empire multiplier les cas d'imputation sur la légitime et diminuer d'autant les cas de rescision du testament. Dans le commencement, les imputations se faisaient seulement sur les legs ou fidéicommis, les donations à cause de mort, et, lorsque le testateur en avait formellement manifesté l'intention, sur les donations entre-vifs. Plus tard, les donations anténuptiales et les dots fournies par les ascendants durent être imputées sur la légitime, sans examen préalable de l'intention du *de cujus* [2]. Justinien décide que l'imputation aura lieu pour les charges militaires qui, achetées par le père, ont une valeur vénale ou procurent des avantages pécuniaires aux héritiers du titulaire [3]. Quant aux donations entre-vifs, elles ne sont toujours imputables que si telle a été l'intention du donateur [4].

Justinien, en décidant que la légitime doit dorénavant être laissée *heredis nomine*, a eu pour but l'intérêt des légitimaires. Il ne faudrait donc pas que cette

(1) L. 30, pr., C., *De inoff. test.*, III, 28; *Nov.* xcv, c. v, pr.
(2) L. 20, C., *De inoff. test.*, III, 28.
(3) L. 30, § 2, C., *ibid.*
(4) L. 35, § 2, C., *ibid.*

qualité d'héritier, qui leur appartient désormais, se retournât contre eux, et c'est pour cela qu'ils ne peuvent être tenus des dettes héréditaires *ultra vires*. Cette décision ne peut faire doute, du moins dans le cas où l'institution n'est faite qu'*honoris causâ* ou *ex certis rebus*. Elle est confirmée par cette considération que la légitime doit être sans charges. Justinien n'admet même plus que la légitime puisse être laissée autrement qu'en propriété (1), et il décide que toute charge, toute condition et tout délai de nature à diminuer la légitime doivent être considérés comme non écrits (2). Si même l'institué tardait à délivrer la légitime ou à la compléter jusqu'à la sentence, il devrait être condamné à payer au légitimaire, en plus de ce que celui-ci avait le droit de réclamer, le tiers de ce qui lui avait déjà été laissé (3).

Telles sont les réformes introduites par Justinien dans notre matière. Le droit de certains successibles à une portion de la succession *ab intestat*, dont ils ne peuvent être privés, se trouve ainsi consacré d'une façon absolue. Nous allons maintenant voir les modifications qu'il a subies en passant dans notre droit.

(1) *Nov.* xviii, c. iii.
(2) L. 30, pr., 32, 36, § 1, C., *De inoff. test.*, iii, 28.
(3) L. 33, pr., C., *ibid.*

DEUXIÈME PARTIE

ANCIEN DROIT FRANÇAIS

ET DROIT INTERMÉDIAIRE.

SECTION Iʳᵉ.

ANCIEN DROIT FRANÇAIS.

A Rome, du moins dans le dernier état de la législation, ainsi que nous venons de le voir, le seul obstacle à la liberté de tester était le droit de certains héritiers rapprochés à une quote-part des biens laissés par le *de cujus*, et dont ils ne pouvaient être privés que par des motifs justes et déterminés par la loi. L'institution d'une légitime n'avait d'autre but que d'assurer le paiement d'une dette naturelle ; c'est ce qui ressort des textes qui s'efforcent de justifier cette restriction au pouvoir du père de famille de dis-

poser de ses biens comme il l'entend. Dans notre ancien droit, le même but était assurément poursuivi,
mais ce n'était pas le seul que l'on cherchait à atteindre. On peut s'en convaincre en considérant les nombreuses institutions par lesquelles était réglée la dévolution des biens d'une personne après son décès,
sans tenir compte de sa volonté même clairement ma-
nifestée.

Dans les droits d'aînesse, par exemple, et de masculinité, dans l'exclusion coutumière des filles dotées
en faveur de leurs frères, et dans les nombreux
moyens de conserver les biens dans les familles, on
aperçoit de suite l'influence de la féodalité, son esprit
politique et son principe nobiliaire.

Mais, comme il n'est pas dans notre intention de
nous étendre beaucoup sur le droit coutumier, nous
nous contenterons de parler des institutions dont le
but principal était de protéger la famille du disposant
contre ses libéralités excessives. Nous dirons donc successivement quelques mots : 1° des réserves coutumières ; 2° de la légitime de droit ; 3° du douaire des
enfants, et 4° du tiers coutumier de Normandie.

I. — *Des réserves coutumières.*

La plupart des coutumes consacraient au profit des
héritiers *ab intestat* le droit à une réserve sur les immeubles propres laissés par le *de cujus* à son décès.
Cette réserve n'était pas, comme la légitime du droit
romain, seulement une quote-part des biens, mais

elle formait une partie intégrante de la succession *ab intestat*, de telle sorte qu'on ne pouvait y prétendre qu'à la condition de se porter héritier. Le taux de la réserve coutumière variait suivant les coutumes, mais généralement il était fixé aux quatre cinquièmes des propres, d'où son nom de réserve des *quatre-quints*. Cette réserve ne s'appliquait qu'aux propres, tant féodaux que roturiers, et ne faisait obstacle, dans le plus grand nombre des coutumes, qu'aux libéralités testamentaires excessives. La conservation des biens immeubles dans les familles, que la réserve coutumière avait surtout en vue, était protégée, contre les donations entre-vifs, par la règle de l'irrévocabilité de ces donations, ainsi formulée : *Donner et retenir ne vaut*.

Pour avoir droit à cette réserve, il fallait être appelé en ordre utile à la succession *ab intestat*, sans que l'on ait à s'occuper du degré, car un collatéral, quelque éloigné qu'il fût, pouvait prétendre à la réserve, à la seule condition qu'il ne fût point précédé par un parent plus rapproché et faisant valoir ses droits. Il est à remarquer que ce n'était qu'aux héritiers du côté et ligne d'où les propres provenaient au défunt que les coutumes en réservaient les *quatre-quints*. Si les héritiers d'une ligne faisaient défaut, les propres en provenant devenaient aussi disponibles que des acquêts. Les héritiers auxquels la réserve coutumière était accordée avaient droit aux *quatre-quints*, non pas de chaque héritage propre, mais du total des propres. Néanmoins, dans le cas où il y avait des héritiers de différentes lignes, on considérait qu'il y avait autant

de successions différentes qu'il y avait de lignes auxquelles les propres faisaient retour. D'où la conséquence que les héritiers de chaque ligne devaient
prendre les *quatre-quints* des propres de leur ligne,
sans être tenus d'exécuter un legs inférieur au cin-
quième du total des propres, mais supérieur au cin-
quième des propres afférents à leur ligne.

Dans le cas où le *de cujus* avait légué ses propres en
nature, l'héritier réservataire pouvait, en réclamant
ses *quatre-quints*, refuser d'exécuter le legs. Mais alors,
devait-il, dans ce cas, abandonner en compensation au
légataire tous les biens disponibles. Cette question,
que Pothier et Dumoulin résolvent dans le sens de
l'affirmative, était fort controversée, si bien que Pothier conseille au testateur, pour éviter toute difficulté, de dire clairement qu'il entend que son légataire ait les biens disponibles à défaut des propres lé-
gués.

Les dettes de la succession, étant une charge de
tous les biens qu'elle comprend, devaient être sup-
portées proportionnellement par l'héritier réservataire
et le légataire qui recueillait les biens disponibles.
Mais, comme l'héritier pouvait, comme continuateur
de la personne du défunt, être poursuivi pour le
tout, on l'autorisait à retenir sur les biens disponibles
qu'il abandonnait une valeur suffisante pour l'acquittement de la portion de dettes afférentes à ces biens.

II. — *De la légitime de droit.*

Les réserves coutumières, on a pu le remarquer, ne protégeaient pas toujours efficacement les droits des héritiers du sang. Il se pouvait, en effet, ou que la fortune du *de cujus* se composât uniquement d'acquêts, auquel cas, il avait pu disposer de tous ses biens sans restriction au profit d'étrangers ; ou bien le *de cujus* avait des propres, mais il en avait disposé entre-vifs ; dans ce cas encore les héritiers du sang n'avaient rien à réclamer. Ces inconvénients furent évités par l'admission dans les pays de coutume de la légitime de droit, ainsi appelée à cause de son origine. Quoi qu'on en ait dit, il est impossible de ne pas admettre que cette institution ait sa source dans le droit romain.

La légitime était admise dans les pays de droit écrit où l'on suivit d'abord le droit romain tel qu'il nous est présenté par le Code Théodosien. Plus tard, à partir du xiie siècle, époque à laquelle l'étude du droit romain avait repris faveur, ce fut le droit des novelles qui l'emporta, et les règles que nous avons exposées en matière de légitime dans la première partie de notre travail furent suivies, sauf quelques modifications introduites, soit par les ordonnances royales, soit par la jurisprudence des parlements, soit enfin par certaines coutumes particulières.

Dans les pays de coutume, la légitime était admise textuellement par la plupart des coutumes réformées.

La jurisprudence et la doctrine l'étendirent aux coutumes muettes sur ce point. Quelques coutumes seulement contenaient des textes qui pouvaient paraître contraires à l'existence d'une légitime, et cependant la jurisprudence avait fini par l'admettre, même dans ces coutumes.

En droit romain, nous l'avons vu, la légitime était considérée comme une quote-part des biens et non comme une quote-part de l'hérédité. Dans le droit coutumier, bien que la jurisprudence fût indécise et que des arrêts contradictoires fussent intervenus, la plupart des auteurs et les plus célèbres posaient en principe que, pour pouvoir prétendre à la légitime, il fallait se porter héritier. De ce principe découlait naturellement cette conséquence fort importante, à savoir que si les droits d'un légitimaire avaient été entamés par les libéralités du *de cujus*, l'action en retranchement qui lui était alors accordée profitait aux créanciers héréditaires. Ce résultat fâcheux n'existe pas, ainsi que nous le verrons, dans la législation qui nous régit actuellement en présence des dispositions de l'art. 921 C. civ. Déjà les auteurs coutumiers avaient cherché à prévenir les conséquences du principe qu'ils posaient, mais les moyens qu'ils proposent sont assez bizarres, voire même celui de Ricard, qui conseille au légitimaire d'accepter sous bénéfice d'inventaire ; par ce moyen, il pourra réclamer sa légitime, puis, quand il l'aura obtenue, il répudiera la succession, ce qui le déchargera des dettes. Or, on aperçoit de suite que si le légitimaire a besoin de se dire héritier pour faire opérer un retranchement sur les biens donnés qui diminuent sa légitime, c'est *jure hereditario* que le légitimaire recevra les biens retranchés et non *jure proprio*. Pourquoi alors les créanciers héréditaires ne pourraient-ils pas y prétendre ?

Pour avoir droit à la légitime, il fallait être appelé à la succession *ab intestat*. Parmi les héritiers *ab intestat*, les enfants tenaient naturellement le premier rang ; les religieux profès, les chevaliers de Malte, les filles dotées et qui avaient renoncé à la succession paternelle ou maternelle par contrat de mariage, étaient exclus de la légitime. Les enfants naturels, qui n'étaient habiles à succéder ni à leur père ni à leur mère, ne pouvaient pas non plus réclamer une légitime : ils devaient se borner à demander seulement des aliments.

En droit romain, les ascendants avaient droit à une légitime, mais les parlements des pays de coutume, par une jurisprudence demeurée constante pendant plusieurs siècles, refusèrent de leur reconnaître un pareil droit. Quant à la légitime des frères et sœurs, on l'admettait généralement dans les pays de coutume aussi bien que dans ceux de droit écrit.

Ces différents légitimaires pouvaient être privés de leur légitime par l'exhérédation prononcée par le défunt. A défaut de texte précis, la jurisprudence avait admis à cet égard l'application de la novelle cxv, sauf de légères modifications. Les mêmes causes pour lesquelles l'héritier pouvait être exclu de la légitime permettaient également de l'exclure de la réserve coutu-

mière. A la différence du droit romain, d'après lequel
l'exhérédation ne pouvait avoir lieu que par testament, le droit coutumier admettait qu'elle pouvait être
faite par tout acte, pourvu qu'il fût authentique. On
admettait aussi l'exhérédation officieuse.

Relativement à la quotité de la légitime, on suivait
avant la réformation des coutumes la novelle xviii,
ch. 1ᵉʳ. Depuis la réformation, la coutume de Paris et,
à son exemple, un grand nombre d'autres coutumes
fixèrent indistinctement la quotité de la légitime à la
moitié de la portion *ab intestat* du légitimaire. Quelques coutumes admirent une quotité différente, mais
également invariable; un petit nombre continuèrent à
s'en référer purement et simplement à la novelle xviii.
Pour les coutumes muettes sur ce point, on eut à décider si on leur appliquerait les dispositions de la coutume de Paris ou celles de la novelle. Malgré la controverse à laquelle on se livra, on finit par admettre,
et avec raison, que l'on suivrait la coutume de Paris.

Bien que nous devions nous borner à des notions
générales sur la légitime de droit, nous ne pouvons
cependant nous empêcher de dire quelques mots du
mode suivi dans la computation des légitimaires.
Nous aurons, en effet, à ce propos, à examiner une
question que nous avons signalée en droit romain et
qui se représentera dans la législation actuelle. Le légitimaire renonçant comptait-il pour la supputation
de la légitime? Lorsque la renonciation était tout à
la fois gratuite, pure et simple, celui qui l'avait faite
n'était pas compté. Si la renonciation était gratuite,

mais en faveur, il fallait distinguer : si elle était faite en faveur de tous les héritiers, le renonçant ne faisait pas nombre; si, au contraire, elle était faite en faveur d'un seul ou même de plusieurs cohéritiers, elle emportait acceptation, c'était un véritable transport, et dans ce cas le renonçant faisait nombre. Il en était de même si le renonçant avait reçu le prix de sa renonciation. Le légitimaire renonçant pouvait avoir reçu du *de cujus* une donation entre-vifs. Pourrait-il alors renoncer sans être tenu de rapporter à la masse de la succession ce qu'il avait reçu? Pour résoudre cette question il faut distinguer trois classes de coutumes.

1° Dans les coutumes dites d'égalité parfaite, la qualité de successible, c'est-à-dire d'héritier même renonçant, était incompatible avec celle de légataire et de donataire. D'après ce système, qui, Pothier nous l'apprend, était le plus conforme aux principes de l'ancien droit coutumier, le légitimaire ne pouvait donc renoncer pour s'en tenir à la donation qu'il avait reçue. Toutefois certaines coutumes lui permettaient, tout en l'obligeant au rapport, de retenir la part qu'il aurait eue s'il se fût porté héritier.

2° Dans les coutumes de la seconde classe, on avait admis, à l'aide d'une subtilité, l'enfant donataire à renoncer sans rapporter. On considérait que celui qui renonçait, n'étant point héritier par le moyen de sa renonciation, ne se trouvait plus compris dans la prohibition de la loi. Dans ce système, il est évident que le renonçant devait être compté pour la supputation

de la légitime. De l'application de ces principes naissait la question de savoir si l'enfant donataire renonçant et poursuivi en réduction par ses frères ou sœurs
pouvait retenir les biens qui lui avaient été donnés
jusqu'à concurrence de la quotité disponible augmen-
tée de sa part dans la légitime. Aucun de nos anciens
auteurs ne lui conteste ce droit. Sa renonciation le rend
étranger à la succession, et comme la coutume ne prescrit l'égalité parfaite qu'entre les héritiers et non entre les enfants, rien ne s'oppose à ce que, retenant les
biens disponibles et sa part dans la légitime, il ait
ainsi une plus forte part que les légitimaires acceptant la succession. Cette décision est, il est vrai, en opposition avec le principe que, pour avoir droit à la légitime, il faut être héritier, mais on doit remarquer que
ce principe, applicable lorsque le légitimaire réclamait
sa légitime par voie d'action, devenait inapplicable,
du moins suivant l'opinion générale, quand il n'agissait que par voie de rétention. On allait même jusqu'à
permettre au légitimaire légataire et renonçant de retenir le legs qui lui était fait jusqu'à concurrence de
la légitime, car on le considérait comme saisi de plein
droit des choses à lui léguées.

3° Enfin dans les coutumes de la troisième classe,
dites coutumes de préciput, un légitimaire pouvait
être avantagé alors même qu'il acceptait la succession,
et il faisait nombre pour la supputation de la légitime,
lorsqu'il renonçait, *aliquo accepto*.

On comptait également pour la supputation de la
légitime les filles qui, par contrat de mariage, avaient

renoncé à la succession de leur père ou de leur mère.
De même étaient comptés ceux qui avaient laissé pres-
crire leur droit de demander la légitime, la prescription n'étant qu'une présomption de paiement de la légitime par le légataire. Quant aux enfants exhérédés, il
n'y avait pas de doute, dans les pays de coutume,
qu'ils ne devaient pas être comptés.

III. — Du douaire des enfants.

Le plus grand nombre, pour ne pas dire l'univer-
salité des coutumes, accordait à la veuve, sous le nom
de *douaire*, un certain droit d'usufruit sur une portion des biens du mari. Le douaire des enfants n'était
autre chose que la nue propriété des biens dont la
mère avait l'usufruit. Le douaire auquel la veuve et
les enfants avaient droit en vertu d'une disposition
formelle des coutumes était appelé *légal* ou *coutumier*; lorsqu'il était stipulé par contrat de mariage,
on l'appelait *préfix* ou *conventionnel*: le premier n'a-
vait lieu qu'à défaut du second.

De même que la légitime, le douaire avait pour but
de pourvoir à l'établissement des enfants et de leur
assurer un patrimoine après le décès de leur père;
mais de nombreuses différences existent entre ces
deux institutions.

D'abord, pour prétendre à la légitime, il fallait,
ainsi que nous l'avons vu, se porter héritier; l'enfant
n'avait, au contraire, droit au douaire qu'à la condition de renoncer à la succession paternelle, d'où la

conséquence que l'enfant douairier était plus efficacement protégé que celui qui réclamait la légitime,
puisque, par l'effet de sa renonciation, il se rendait
complétement étranger aux créanciers héréditaires,
lesquels ne pouvaient en aucune façon poursuivre
contre lui le paiement de leurs créances. Le douaire
n'était soumis qu'aux charges réelles ou foncières,
constituées antérieurement à l'époque où les biens
avaient été affectés au douaire, c'est-à-dire antérieurement au mariage, et cela comme conséquence du
principe que le père ne pouvait porter atteinte au
douaire ni par aliénation à titre gratuit, ni par aliénation à titre onéreux, ni par constitution d'hypothèques ou autres droits réels. Aussi un ancien auteur, en considérant que le but principal du douaire
était de préserver les enfants de l'insolvabilité de leur
père et de l'aliénation de ses biens, l'appelle-t-il à
plusieurs reprises « la dernière table du naufrage (1). »

En second lieu, nous remarquerons qu'à la différence de la légitime, qui était due par la mère aussi
bien que par le père, le douaire n'était dû que par le
père seulement. La légitime portait sur les biens que
le père ou la mère laissaient lors de leur décès, en y
réunissant ceux dont ils avaient disposé par donations entre-vifs; le douaire, au contraire, portait sur
tous les immeubles que le père avait lors de son mariage et sur tous ceux qui lui étaient advenus, pendant le mariage, de ses ascendants, sans qu'il pût y

---

(1) Bournon, *Douaire*, c. 1, n° 2; c. 1x, n° 1.

porter aucune atteinte, ni par aliénation à titre gratuit, ni par aliénation à titre onéreux, ni par constitution d'hypothèque ou autre droit réel.

Dans le cas de plusieurs mariages successifs, la
maxime coutumière était : *Douaire sur douaire n'a
lieu*, c'est-à-dire que le douaire des enfants du second
mariage n'était que du quart sur les immeubles déjà
engagés au douaire des enfants du premier mariage,
et de la moitié sur les immeubles qui n'étaient pas
engagés. Le douaire des enfants nés d'un troisième
mariage n'était que d'un huitième, et ainsi de suite.
Ces règles s'appliquaient alors même que les héritages avaient été libérés du douaire du premier mariage, par exemple par le prédécès des enfants, ou
parce qu'ils avaient préféré la qualité d'héritiers à celle
de douairiers. On les appliquait même au cas où le
contrat du premier mariage contenait exclusion du
douaire.

Les dispositions des coutumes concernant les réserves coutumières étaient des statuts réels et exer-
çaient en conséquence leur empire sur les héritages
et droits immobiliers situés ou censés situés sur leur
territoire, sans aucun égard au domicile de la personne
à laquelle ils appartenaient.

L'obligation du douaire coutumier se contractait du
jour du mariage. Le mari ne pouvait, depuis ce jour,
aliéner les immeubles qui y étaient affectés ni consti-
tuer sur eux aucun droit réel. Quant aux héritages recueillis dans une succession, ils étaient affectés au
douaire à compter du jour de l'ouverture de la succes-

sion, et ce n'est qu'à partir de cette époque que les aliénations et constitutions d'hypothèques étaient nulles.

Le droit au douaire était ouvert par la mort naturelle du père ; on discutait pour savoir si la mort civile y donnait également ouverture. Dumoulin professait la négative ; mais, à l'époque de Pothier, l'affirmative était plus généralement admise.

Le douaire était dû aux enfants issus du mariage, légitimes ou légitimés, posthumes ou nés du vivant du père, et aux petits-enfants issus d'un enfant né lui-même du mariage et prédécédé. Comme nous l'avons déjà dit, on ne pouvait être à la fois héritier et douairier ; mais du moins, lorsque l'enfant acceptait seulement sous bénéfice d'inventaire, pouvait-il cependant prétendre au douaire ? On distinguait : il ne le pouvait pas dans ses rapports avec ses cohéritiers, mais rien ne s'y opposait vis-à-vis des créanciers de la succession paternelle ; du moins c'était l'opinion générale. On ne pouvait non plus être à la fois douairier et donataire ; ainsi, l'enfant donataire ne pouvait prétendre au douaire qu'à la condition de rapporter ce qu'il avait reçu ou de moins prendre.

Le douaire se partageait entre les enfants qui y avaient droit, sans qu'il y eût jamais lieu à aucune prérogative en faveur de l'aîné, les biens affectés au douaire fussent-ils féodaux : quelques coutumes contenaient pourtant exception à cette règle.

IV. — *Du tiers coutumier de Normandie.*

La coutume de Normandie protégeait les héritiers
du sang contre les libéralités du *de cujus* par des règles
qui lui étaient propres. La réserve coutumière admise
par cette coutume s'opposait non-seulement aux dispositions testamentaires excessives, mais encore aux
donations entre-vifs. Le taux de la réserve était plus
élevé que dans les autres coutumes, car, dans le cas
où le *de cujus* laissait des enfants, leur réserve s'é-
tendait à tous les immeubles et aux deux tiers des
meubles ; le père ou la mère ne pouvait disposer que
de l'autre tiers. Mais ce qui est surtout remarquable
dans cette coutume, c'est la protection qu'elle accorde
aux enfants contre la dissipation de leurs père et mère
au moyen de l'institution dont nous nous occupons
dans ce paragraphe. Voyons brièvement en quoi elle
consistait.

Le droit établi sous le nom de *tiers coutumie,* avait
une grande analogie avec le douaire des autres pays,
ou mieux, il constituait, dans cette coutume, le
douaire de la veuve et des enfants, et il en portait le
nom. Le douaire de la femme était de l'usufruit du
tiers des biens possédés par le mari au jour du mariage ou qu'il acquérait postérieurement, de quelque
manière que ce soit. Le douaire des enfants était de
la propriété du même tiers dont la mère avait l'usufruit, et il n'avait lieu que dans le cas de renonciation
à la succession comme pour le douaire ordinaire. Le

mari conservait sa vie durant la jouissance des biens
affectés à ce douaire, mais il ne pouvait les vendre,
engager ou hypothéquer. Les enfants avaient droit
au tiers non-seulement des biens paternels, mais encore des biens maternels et aux mêmes conditions.
C'était là une différence avec le douaire des autres
pays, qui n'avait lieu que sur les biens du père. D'un
autre côté, en Normandie, le tiers coutumier des enfants ne diminuait pas le douaire de la nouvelle
épouse, et lorsqu'il y avait des enfants de différents
lits, ils n'avaient tous droit qu'à un tiers, mais la coutume laissait « à leur option, de le prendre au regard
des biens que leur père possédait lors des premières,
secondes ou troisièmes nopces (1). » Ce droit d'option
était fort important pour les enfants, car il appartenait tant aux enfants du premier lit qu'à ceux du second, même dans le cas où les enfants du premier lit
n'auraient pas survécu à leur père, pourvu toutefois
qu'il y eût eu à un moment quelconque existence simultanée des enfants des deux lits. D'où la conséquence que, dans certains cas, le douaire des enfants
pouvait être plus considérable que celui de leur mère.

Une autre différence encore entre le tiers coutumier
et le douaire des autres pays, c'est que le tiers coutumier se partageait comme la succession elle-même et
que l'aîné y exerçait son droit d'aînesse.

Ajoutons, pour terminer, que les tiers détenteurs de
biens affectés au tiers coutumier, en vertu d'aliéna-

(1) *Cout. de Normandie*, art. 400.

tions qui y avaient porté atteinte, avaient le choix de restituer ces biens ou d'en payer l'estimation soit au denier 20, soit au denier 25, suivant qu'il s'agissait d'un bien roturier ou d'un fief noble.

SECTION II.

DROIT INTERMÉDIAIRE.

Les règles touchant le droit de tester et la dévolution des biens aux membres de la famille du *de cujus* furent profondément modifiées par la révolution de 1789. Les nouveaux principes consacrés par la révolution se trouvaient en opposition directe avec ceux admis dans l'ancien droit. Mais comme on ne pouvait du jour au lendemain abolir toutes les lois en vigueur jusqu'alors et les remplacer de suite par d'autres conformes aux idées révolutionnaires, force fut de laisser subsister les anciennes lois dans ce qu'elles avaient de conciliable avec le nouvel esprit qui régnait, et les lacunes que cette situation faisait naître furent comblées par des lois nouvelles. La matière qui nous occupe fut plus particulièrement que toute autre l'objet d'assez nombreux monuments législatifs, par cela même qu'elle était de celles où les principes anciens se trouvaient le plus en désaccord avec ceux de la révolution. Examinons brièvement ces diverses lois avant de passer à l'étude de la législation qui nous régit en ce moment.

Tout d'abord nous remarquons l'abolition des

droits d'ainesse et de masculinité par un décret du 8
avril 1791, qui abroge en même temps les dispositions de certaines coutumes, lesquelles ne reconnais-
saient pas la représentation en ligne directe descendante. A la même époque on discutait la faculté elle-
même de disposer par donation entre-vifs ou par
testament; mais la discussion n'aboutit pas. Seulement le principe faux, selon que nous l'avons montré
au commencement de notre travail, que le droit de
tester émane de la loi civile, qui peut à son gré l'ôter,
finit par recevoir sa consécration sous la Convention,
qui alla même jusqu'à refuser absolument, par un décret du 7 mars 1793, aux citoyens qui avaient des enfants le droit de disposer de leurs biens entre-vifs ou
par testament. De cette manière les principes révolutionnaires recevaient leur consécration jusqu'à l'excès,
mais, comme tous les excès, celui-ci n'était pas des-
tiné à durer longtemps. La loi du 17 nivôse an II
commença à le faire disparaître, bien faiblement, il
est vrai, car si elle n'interdisait pas au *de cujus* toute
disposition testamentaire ou entre-vifs, du moins les
limites dans lesquelles elle renfermait la liberté du
disposant étaient bien étroites. Le disponible n'était
que du dixième lorsque le disposant laissait des enfants, même naturels, car la loi du 17 brumaire an II
avait précédemment accordé aux enfants naturels les
mêmes droits successoraux qu'aux enfants légitimes.
Si le disposant ne laissait pas d'enfants, mais des
ascendants ou des collatéraux quelque éloignés qu'ils
fussent, la quotité disponible pouvait s'élever au

sixième. Et encore la loi de nivôse admettait-elle le système des coutumes d'égalité parfaite en vertu duquel le disponible ne pouvait être laissé à l'un des successibles. On peut voir par là combien on voulait éviter désormais la concentration de grandes richesses sur une seule tête et arriver au morcellement de la propriété. Et, afin que les dispositions de la loi qui tendaient vers ce but ne fussent pas déjouées, la Convention annula toutes les dispositions entre-vifs ou testamentaires faites depuis le 14 juillet 1789 en ce qu'elles avaient de contraire aux dispositions de la loi du 17 nivôse an ii (1). Cette dernière loi, qui, outre les dispositions que nous venons d'énumérer, en renfermait encore une qui supprimait toute distinction entre les propres et les acquêts, rencontra de nombreuses résistances qui aboutirent à faire édicter sous le consulat la loi du 4 germinal an viii, qui sert de transition entre la loi de l'an ii et le Code civil. Voici en résumé les dispositions de la loi du 4 germinal. Elle étendait la quotité disponible, tout en la laissant dans des limites encore fort restreintes ; elle supprimait la réserve des collatéraux éloignés, et ne la maintenait que pour ceux des degrés rapprochés. Enfin elle adoptait les principes des coutumes de préciput, en décidant que les libéralités qu'elle autorise pourront être faites au profit des enfants ou autres successibles,

---

(1) Cette rétroactivité n'était cependant pas absolue, mais se trouvait mitigée par une série de dispositions qui donnèrent lieu à bien des difficultés.

sans qu'elles soient sujettes à rapport. C'était même
aller plus loin que les coutumes qui, pour la ligne directe descendante, admettaient l'obligation de rapporter les biens donnés, à moins d'une renonciation du
donataire à la succession ou d'une dispense expresse
émanée du donateur. Mais, par contre, la loi de germinal an VIII n'admettait pas que l'enfant légataire ou
donataire pût, en renonçant, retenir, outre la quotité
disponible, sa part dans la légitime, ainsi que cela
avait lieu, suivant nos anciens auteurs.

DROIT FRANÇAIS.

A l'exemple du droit romain et du droit intermédiaire, le Code civil n'admet qu'une seule institution ayant pour but de protéger la famille du disposant contre ses libéralités excessives, et le législateur lui a donné le nom de *réserve*.

Les dispositions du Code civil en cette matière demandent à être étudiées attentivement. Nous diviserons cette troisième partie de notre travail en trois chapitres. Dans le premier nous rechercherons quelle est la nature de la réserve dans le Code civil; dans le second nous examinerons quelles sont les successibles auxquels la loi accorde une réserve et quel est le montant de cette réserve; nous connaîtrons ainsi dans quelle mesure le pouvoir du testateur est restreint; enfin notre troisième chapitre traitera de l'action en réduction, qui est la sanction de la réserve.

CHAPITRE Ier.

DE LA NATURE DE LA RÉSERVE DANS LE CODE CIVIL.

On a beaucoup discuté sur la nature de cette réserve. Assurément ce n'est ni la légitime romaine
admise avec des nuances dans nos pays de droit écrit
et dans nos pays de coutume, ni la réserve coutumière d'origine toute nationale. Mais doit-on dire que
la réserve moderne est une charge de la succession
ab intestat, en faveur de certains parents; ou bien que
c'est la succession elle-même inaliénable gratuite-
ment pour une partie? Si elle tient plus de l'ancienne
légitime romaine et de la légitime *de droit*, c'est la première opinion qu'il faut adopter. Si, au contraire, elle
reproduit la réserve coutumière avec des restrictions,
c'est à la seconde opinion qu'il faudra s'arrêter. On ne
saurait trop regretter que le législateur n'ait pas pris
soin de faire cesser les controverses sur ce point. Il
lui suffisait d'un mot, mais il ne l'a pas dit. Toutefois,
en présence de ce silence que nous déplorons, il faut
néanmoins prendre un parti. Nous n'hésitons pas à
admettre, avec un savant auteur, que la réserve du
Code civil n'est autre chose « que le droit héréditaire
» des parents en ligne directe, en tant qu'il est garanti
» jusqu'à concurrence d'une certaine quotité de biens
» contre les libéralités de la personne à la succession

» de laquelle ils sont appelés (1), » ou, pour employer
une définition plus courte, que la réserve est une succession *ab intestat* protégée, défendue contre des libéralités excessives (2).

L'expression de *réserve*, employée par le Code civil
d'une manière uniforme, vient déjà confirmer notre
opinion. Il est vrai que dans les travaux préparatoires
du Code, les expressions de *légitime* et de *réserve*
sont employées tour à tour et quelquefois dans la
même phrase. Les premières rédactions organisent la
légitime des ascendants et la *réserve* des frères et
sœurs. Tronchet parle de fixer la *légitime* indisponible que la loi *réserve* aux enfants ; il rappelle les
quotités de la *réserve* du droit romain ; il s'occupe du
légitimaire, auquel la loi accorde une *réserve* pour le
mettre à l'abri des dissipations de son père (3). Mais
à partir des modifications proposées sur d'autres
points par le tribunat, l'expression de *réserve* est uni-
formément employée ; elle prend seule place dans la
rédaction définitive, dans l'exposé des motifs et les
discours qui précèdent le vote.

D'un autre côté, si nous faisons attention à la manière dont le Code civil s'y est pris pour fixer la quotité de la réserve, nous remarquerons, et cette remar-
que est fort importante, qu'il ne l'a pas fait directement. Il fixe la portion de biens dont il est permis de

(1) ZACHARIÆ, § 679.
(2) VALETTE.
(3) V. FENET, t. XII, et LOCRÉ, t. XI.

disposer à titre gratuit, la quotité de la portion indisponible suit par voie de conséquence. D'où il résulte évidemment que le législateur abandonne la réserve à son cours naturel en l'attribuant virtuellement plutôt que directement à ceux qui y ont droit, de telle sorte que la réserve n'est accordée qu'à ceux qui viennent à la succession *ab iniestat*, c'est-à-dire à ceux qui se portent héritiers, et non à ceux qui n'ont que leur qualité de parents à faire valoir.

La rubrique du chapitre III du titre *des donations entre-vifs et des testaments*, qui forme le siége de la matière, ainsi que de nombreux articles du Code, viennent consacrer notre système de la manière la plus expresse. C'est ainsi que d'après l'art. 915 C. civ., les biens réservés au profit des ascendants seront par eux recueillis dans l'ordre où la loi les appelle à succéder ; ce qui montre bien que les ascendants réservataires n'ont droit à leur réserve qu'autant qu'ils viennent à la succession, c'est-à-dire qu'ils sont héritiers. Citons aussi l'art. 1004 : « Lorsqu'au décès du testateur il y a des héritiers auxquels une quotité de biens est réservée par la loi, ces héritiers sont saisis de plein droit, par sa mort, de tous les biens de la succession ; et le légataire universel est tenu de leur demander la délivrance des biens compris dans le testament. » Si le réservataire a la saisine, c'est qu'il est héritier, d'où la conséquence à tirer forcément de l'art. 1004, c'est que pour avoir droit à la réserve il faut être héritier. Nous pourrions citer encore nombre d'autres articles, mais nous nous contentons de les énumérer. Ce sont les art. 917, 922 *in fine*, 929, 930, 1008, 1009, 1011 et 1049.

Enfin, si nous admettons que la quotité disponible ait été dépassée par les libéralités du défunt, nous voyons que l'action qui sert de sanction au droit des réservataires est non pas une action personnelle en délivrance ou en complément de la réserve, mais bien une action réelle en réduction des donations ou des legs qui excèdent la quotité disponible. Or, évidemment, il faut de toute nécessité être héritier pour profiter de cette action réelle qui a pour but de faire rentrer dans la succession *ab intestat* des biens qui n'auraient pas dû en sortir et que la loi veut y faire rester au profit des héritiers réservataires acceptant la succession. V. art. 920, 928, 929 et 930, C. civ. Si le réservataire renonçait, comment pourrait-il élever des prétentions sur ces biens qu'il a ainsi fait rentrer dans une succession à laquelle il ne peut plus venir par suite de sa renonciation ?

Il aurait donc fallu régler d'une façon toute spéciale le cas où le réservataire renoncerait, puisqu'alors le moyen ordinaire accordé au réservataire pour faire valoir ses droits lui ferait défaut, et le législateur ne l'ayant pas fait, on doit nécessairement induire de son silence que le renonçant est exclu de tout droit à la réserve. Du reste, si l'on admet que le renonçant peut prétendre à la réserve, pourquoi ne pas admettre également la même possibilité pour l'indigne ?

La seule objection un peu sérieuse que l'on puisse faire à notre système est celle résultant des travaux

préparatoires du Code civil, et des discussions auxquelles donna lieu l'art. 22 (qui plus tard prit le n° 25)
du projet primitif correspondant à l'art. 921, C. civ.
Sous cet article on eut à examiner une difficulté assez
grave à laquelle conduit nécessairement le système
que nous adoptons, et qui avait déjà occupé, ainsi
que nous l'avons vu, nos anciens auteurs. Si, pour
prétendre à la réserve, il faut être héritier, il s'ensuit
nécessairement que les biens faisant partie de la
réserve sont recueillis par le réservataire *jure hereditario* et deviennent dès lors le gage de ses créanciers,
qui profitent ainsi de l'action en réduction. Cet inconvénient, que Ricard qualifie « d'injustice que tous
» ceux qui aiment l'équité voudraient bien sur-
» monter (1), » devient surtout très grave lorsque le
défunt, après avoir fait des donations, aura contracté
des dettes considérables et ne laissera rien ou presque
rien dans sa succession : il pourra arriver que les
créanciers profitent du retour, dans la succession de
leur débiteur, de biens qu'ils n'ont jamais dû considérer comme le gage de leurs créances. Les rédacteurs
du Code durent donc se préoccuper de parer à cet
inconvénient, et c'est ce qu'ils firent en décidant que
les créanciers ne peuvent ni demander la réduction
en vertu de l'art. 1066, C. civ., ni en profiter une fois
qu'elle a été obtenue par le réservataire, absolument
comme ils ne peuvent ni demander le rapport ni en
profiter.

(1) *Traité des donat.*, IIIe part., chap. VIII, sect. V, n° 981.

Mais cette décision ne fut admise qu'après une longue discussion devant le conseil d'Etat, notamment dans la séance du 5 ventôse an XI. Tout le monde, sauf Malleville, admettait le principe que pour avoir droit à la réserve il faut être héritier. Mais les avis différaient sur la question de savoir si l'on devait faire sortir de ce principe toutes les conséquences qu'il comportait, notamment en ce qui concerne les créanciers héréditaires. Les uns, et de ce nombre était le premier consul, ne voyaient pas la nécessité d'une exception au principe admis. « La » légitime, disait-il, ne doit être fournie que sur les » biens de la succession, et les biens ne peuvent » être que ce qui reste après le paiement des dettes (1). » C'était suivre l'opinion de Dumoulin. D'autres, au contraire, et leur avis prévalut, se fondant sur les motifs invoqués par Ricard, voulaient que les créanciers n'eussent aucun droit à prétendre sur les biens rentrés dans la succession par suite de l'action en réduction exercée par le légitimaire. Ils ne contestaient pas le principe que la qualité d'héritier est nécessaire pour prétendre à la réserve, loin de là, et Portalis le dit formellement, « ce principe est incontestable (2). » Ils se contentaient de contester la conséquence du principe.

Malleville seul va plus loin et dit que « dans le cours de la discussion on a mal à propos supposé

---

(1) Locré, t. II, p. 182.
(2) ID., ibid., p. 188.

que le légitimaire agissait comme héritier ; » il ajoute
ensuite que s'il agissait en cette qualité, l'action en
réduction ne pourrait lui être accordée, parce qu'il
serait obligé de maintenir les donations, comme tous
les autres contrats souscrits par le défunt. Cette
opinion de Malleville a servi d'argument à nos adversaires; s'en emparant, ils nous disent qu'en refusant
aux créanciers l'action en réduction et en ne leur
permettant pas même d'en profiter lorsqu'elle est
exercée par l'ayant droit, on a consacré l'opinion de
Malleville. Suivant eux, le motif et la raison d'être de
l'art. 921, c'est donc qu'il n'est pas nécessaire d'être
héritier pour réclamer la réserve. L'argument pourrait assurément avoir quelque valeur si l'opinion
émise par Malleville n'était pas absolument isolée, et
si d'un autre côté il était bien prouvé que c'est seulement la raison donnée par Malleville et non une autre
qui a déterminé l'adoption de l'art. 921. Or, c'est ce
qu'il est tout à fait impossible de prouver. On ne
saurait même douter un seul instant, après avoir lu le
procès-verbal de la séance où eut lieu cette discussion,
que l'opinion de Malleville fut absolument étrangère
à la détermination prise en définitive par le conseil
d'Etat. On peut aussi se reporter à l'exposé des motifs
présenté au Corps législatif par Bigot - Préameneu.
Là, le principe que nous soutenons y est on ne peut
plus clairement proclamé, et l'orateur, en parlant de la
nature et des effets de l'action en réduction, donne
constamment la qualité d'héritier à celui qui l'exerce.

Ainsi se trouve écartée la seule véritable objection

à notre système d'après lequel la réserve du Code
civil est une portion de la succession *ab intestat*. La
réserve actuelle s'éloigne donc profondément de la
légitime du droit romain qui n'était qu'une quote-part
des biens, *pars bonorum non hereditatis*. Mais si, par
sa nature, cette réserve se rapproche de la légitime
des pays de coutume et des réserves coutumières,
elle en diffère néanmoins sous plusieurs rapports.
Elle est différente de l'une et de l'autre par sa quotité ;
elle diffère de la légitime des pays de coutumes en
ce qu'elle est accordée aussi bien aux ascendants
qu'aux descendants, et en ce qu'elle porte sur une
quote-part de l'hérédité attribuée collectivement à
tous les réservataires et non sur une quote-part de
biens attribués individuellement à chaque ayant droit.
Elle diffère enfin des réserves coutumières : 1° en ce
qu'elle n'est accordée qu'aux héritiers en ligne directe,
au lieu que tout héritier aux propres avait droit à la
réserve coutumière ; 2° en ce qu'elle porte sur tous
les biens indistinctement, au lieu que la réserve coutumière ne s'appliquait qu'aux propres ; 3° en ce qu'elle
protége le réservataire, non-seulement contre les
dispositions testamentaires, comme la réserve coutumière, mais encore contre les donations entre-vifs.

Examinant les conséquences du système que nous
admettons sur la nature de la réserve, nous voyons
d'abord que le droit à la réserve, étant un droit de succession, ne peut évidemment s'ouvrir que par la mort
de la personne sur le patrimoine de laquelle il porte.

Une autre conséquence tout aussi évidente, c'est

que, nous l'avons dit déjà, ceux auxquels la loi donne droit à la réserve ne peuvent plus y prétendre du moment qu'ils renoncent à la succession ou qu'ils sont déclarés indignes. Cette seconde conséquence donne lieu à une grave question, qui a divisé long-temps les auteurs et la jurisprudence. Nous avons vu que dans le droit coutumier l'enfant renonçant, qui avait reçu du *de cujus* des libéralités entre-vifs, pou-vait, lorsqu'il était poursuivi en réduction, retenir, outre la quotité disponible, la part qu'il aurait eue dans la légitime s'il se fût porté héritier. En d'autres termes, l'on n'exigeait la qualité d'héritier que du réservataire qui réclamait sa réserve par voie d'action, et cette qualité n'était plus nécessaire du moment où le réservataire n'agissait que par voie de rétention. La même solution doit-elle être admise sous l'empire du Code civil? Un grand nombre d'auteurs l'ont sou-tenu, et pendant longtemps la cour suprême a consacré leur opinion. Mais, par un arrêt solennel rendu toutes chambres réunies, la Cour de cassation est revenue, le 27 novembre 1863 (1), sur sa première jurisprudence et a rejeté un cumul que jusqu'alors elle admettait à l'exemple de l'ancien droit. Cette nouvelle décision est la seule conforme aux principes. On a beau, en effet, s'appuyer pour la combattre sur l'autorité du droit coutumier, il faut bien reconnaître que la théorie admise sur ce point par nos anciens auteurs constituait une singulière anomalie, dont l'explication ne peut

(1) Arrêt Lavialle, Sir., 1863, 1, 513,

être trouvée que dans cette considération que la légitime n'était pas d'origine coutumière, mais avait été
empruntée au droit romain et avait subi l'influence
de ce droit en se naturalisant dans les pays de coutumes, de telle sorte que les principes romains et les
principes coutumiers sur cette matière étaient complétement mélangés et confondus. Le droit de rétention
accordé au légitimaire renonçant venait du droit
romain, la nécessité de se porter héritier pour réclamer sa légitime par voie d'action avait sa source
dans le droit des coutumes. Cette seule observation
écarte l'objection la plus grave qui puisse être élevée
contre la solution que nous adoptons. Du moment,
en effet, que le Code a gardé le silence sur une
exception aussi importante au principe reconnu par
lui, à savoir, que pour prétendre à la réserve il faut
être héritier, on doit nécessairement et logiquement
induire de ce silence qu'il rejette cette exception à
peine explicable dans l'ancien droit, car s'il eût voulu
la laisser subsister, il n'aurait pas manqué de s'en
expliquer formellement; la chose en valait bien la
peine, et nos adversaires eux-mêmes ne devraient
pas s'étonner que nous refusions d'admettre une
anomalie aussi frappante que celle à laquelle conduit
leur système, du moment où nous ne trouvons aucun
texte sur lequel elle puisse s'appuyer. Bien plus, la
théorie du cumul que nous repoussons est tout à fait en
opposition avec les termes des art. 844 et 845, C. civ.,
qui, quelque effort qu'on fasse pour les éluder, n'auto-
risent l'enfant donataire et renonçant à retenir le don

qui lui a été fait que *jusqu'à concurrence de la quoiité disponible*. On a voulu soutenir, il est vrai, que la loi réglait différemment deux cas ; que dans le premier, celui où l'héritier venant à la succession a reçu un don par préciput, elle employait une formule prohibitive, tandis que dans le second, c'est-à-dire dans celui où il s'agit de savoir dans quelle mesure peut valoir pour le réservataire renonçant la transformation de l'avancement d'hoirie qui lui a été fait en don ordinaire, la loi emploie une formule permissive : l'héritier qui renonce à la succession *peut* cependant retenir, etc. Du moment où un système, pour être soutenu, a besoin que l'on fasse appel à de telles subtilités, on peut dire sans hésiter qu'il est condamné d'avance, alors même que ce système, comme du reste nous le reconnaissons, ne porte pas précisément atteinte au droit des autres héritiers, qui conservent entière leur part dans la réserve et par conséquent tout ce que le défunt était tenu de leur donner. Si, à ce point de vue, la théorie du cumul est sans inconvénients, ses conséquences sous d'autres rapports seraient excessivement regrettables. Elle attribue, en effet, suivant les cas, au successible renonçant un avantage égal et même supérieur à celui qu'obtiendrait un donataire par préciput. Car ce dernier pourrait être tenu au rapport en nature pour tout ce qui excède le montant de la quotité disponible, tandis que le renonçant conserverait en nature le bien donné jusqu'à concurrence du montant cumulé de sa part dans la réserve et de la quotité disponible.

De cette façon il y aurait deux portions disponibles ;
celle des réservataires, qui serait égale au montant de
la réserve cumulé avec le disponible ordinaire, et celle
des étrangers. L'enfant donataire ne pouvant, faute de
préciput, venir à la succession renoncera et gardera
un avancement d'hoirie considérable. Pour employer
l'expression énergique de M. Dupin, on rend ainsi l'enfant renonçant préciputaire sans clause de préciput, et
réservataire quoiqu'il ait renoncé à la succession (1)!

Pour terminer avec cette question, nous n'avons
plus à répondre qu'à une dernière objection de nos
adversaires. Ils nous disent en effet : Supposons qu'un
père, pour pourvoir à l'établissement de l'un de ses
enfants, lui fait un simple avancement d'hoirie sans
clause de préciput ; assurément il est en droit de se
considérer comme ayant conservé la libre disposition
de la quotité disponible, et dès lors il peut la donner
soit à un étranger, soit par préciput à un autre de ses
enfants. Mais à la mort du père, l'enfant, qui n'a reçu
qu'un simple avancement d'hoirie, renonce à la succession pour s'en tenir au don qu'il a reçu, et trans-
forme ainsi en don irrévocable ce qui n'était qu'une
anticipation de succession. Par ce moyen, les libéralités faites à un étranger ou à un autre successible
par préciput et hors part sont infirmées en tout ou en
partie, puisque la libéralité faite à l'enfant renonçant
devra s'imputer sur la quotité disponible.

Cet inconvénient existe, nous le reconnaissons et

(1) Réquisitoire dans l'affaire Lavialle.

nous le regrettons. Toutefois nous pourrions nous
contenter de répondre qu'il ne doit avoir aucune influence sur l'esprit de l'interprète. Mais allant plus
loin, nous demandons à nos adversaires s'ils peuvent
toujours le conjurer, et si pour le conjurer ils ne tom-
bent pas dans un autre aussi grave. Le moyen proposé par nos adversaires consiste à dire que l'enfant
donataire renonçant retiendrait la libéralité à lui faite
en l'imputant non pas *sur le disponible même*, mais
sur la *réserve*, et subsidiairement sur le disponible et
jusqu'à concurrence d'*une valeur égale à la portion
disponible* (1). Ce moyen assurément produira son effet
dans tous les cas où la libéralité faite au renonçant ne
dépassera pas la part qu'il aurait eue dans la réserve ;
mais si elle la dépasse et comprend en plus de cette
part toute la quotité disponible, le moyen devient
absolument inefficace. Dans tous les cas, ainsi que
nous l'avons vu, reposant sur cette donnée que le renonçant peut prétendre à la réserve, il aura pour effet
de rendre la position du renonçant de beaucoup préférable à celle de l'acceptant, et quoi qu'il arrive, ce seront, en définitive, les héritiers qui auront accepté qui
souffriront de ce mode d'imputation, qui diminue
leur part dans la réserve, tandis que le renonçant n'y
perdra jamais rien. Dans notre système, au contraire,
si l'inconvénient signalé plus haut existe, du moins
pouvons-nous dire qu'il n'est pas impossible de lui

(1) Il est à remarquer que cette théorie de l'imputation est le point
de départ de la théorie du cumul.

trouver un remède légal et efficace. Rien n'empêche, en effet, le père de famille, lorsqu'il fait un avancement d'hoirie à l'un de ses successibles, de ne faire la donation que sous condition résolutoire pour le cas d'une renonciation du donataire à la succession. De cette façon tout péril est conjuré, et il n'y a plus aucune raison sérieuse de ne pas laisser les enfants renonçants dans le droit commun et de ne pas leur refuser tout droit à la réserve.

De ce que, suivant nous, le renonçant ne peut prétendre à la réserve, il s'ensuit logiquement, ce nous semble, que le réservataire renonçant ne doit pas faire nombre pour la fixation de la réserve collective, absolument comme une solution affirmative de la question de savoir si le renonçant a droit à la réserve amène, au contraire, nos adversaires à dire qu'il doit faire nombre. Cette déduction pourtant n'a pas été admise par tous, et comme il est des personnes qui, après avoir refusé au renonçant le droit à la réserve, soutiennent cependant que le renonçant doit faire nombre dans la fixation de la réserve, nous croyons devoir, avant de terminer ce chapitre, réfuter encore, mais brièvement, cette opinion qui sert de dernier refuge aux partisans de la théorie du cumul. Pour dire que le renonçant doit faire nombre dans la fixation de la quotité de la légitime, on s'appuie sur deux arguments : le premier est tiré de ce que l'art. 913 C. civ. détermine la quotité disponible d'après le nombre des *enfants* que le père laisse à son décès. Nous n'y répondrons que par un mot : Pourquoi ne pas compter aussi les enfants

incapables ou indignes? Il y aurait aussi bien lieu de
les compter que le renonçant, et personne cependant
n'a osé le proposer. Le second argument repose sur
l'art. 786, d'après lequel la part du renonçant accroit à
ses cohéritiers, et s'il est seul, son droit est dévolu
au degré subséquent. Mais cet article ne doit pas être
entendu à la lettre, on se heurterait à des impossibi-
lités : comment, en effet, soutenir que dans le cas où
les réservataires sont des enfants et que tous renoncent, leur droit est dévolu, au degré subséquent, à
des ascendants dont la réserve est calculée différemment ou à des collatéraux qui n'ont pas de réserve?
Ce que l'art. 786 a voulu dire, c'est tout simplement
que le renonçant est considéré par rapport à la succession comme n'existant pas, et que cette succession
est partagée comme s'il n'y avait jamais été appelé.

CHAPITRE II.

DES SUCCESSIBLES AUXQUELS LA RÉSERVE EST ACCORDÉE ET DU MONTANT DE LA RÉSERVE.

SECTION Ire.

DES SUCCESSIBLES AUXQUELS LA RÉSERVE EST ACCORDÉE.

Le projet de loi soumis au conseil d'Etat accordait
une réserve aux frères et sœurs et aux neveux et

nièces venant à la succession avec les frères et sœurs
par le secours de la représentation, aussi bien qu'aux
parents en ligne directe. D'abord adoptée par le conseil
d'Etat, la réserve des collatéraux privilégiés fut ensuite rejetée par le tribunat, de sorte que le Code civil
n'accorde nominativement une réserve qu'aux descendants et ascendants légitimes. Il est toutefois parfaitement évident que les enfants légitimés doivent
être, sous ce rapport, entièrement assimilés aux enfants légitimes : l'art. 333 C. civ. ne peut laisser aucun doute à cet égard. Il est plus délicat de décider
si les enfants adoptifs et les enfants naturels ont également droit à une réserve. Examinons successivement les deux cas.

1° *Enfants adoptifs*. — Nous appuyant sur les termes très clairs de l'art. 350 C. civ., nous sommes d'a-
vis que l'enfant adoptif a droit à une réserve absolument comme les enfants légitimes. D'après cet article,
en effet, l'adopté a sur la succession de l'adoptant les
mêmes droits que l'enfant né en mariage. Ce dernier
étant réservataire, l'enfant adoptif doit donc l'être
également. Mais sur quels biens l'enfant adoptif peut-
il exercer son droit ? C'est ici que commence la difficulté. Rejetant tout d'abord une opinion qui n'a pas
eu de succès ni en doctrine ni en jurisprudence, et
d'après laquelle l'exercice de l'action en réduction accordée à l'enfant adoptif serait restreint aux dispositions testamentaires, nous restons en présence de
deux autres opinions. La première, s'appuyant d'une
part sur le principe de l'irrévocabilité des donations

entre-vifs, et d'autre part sur l'art. 960 C. civ., veut
que l'adopté ne puisse faire tomber par l'action en réduction que les libéralités entre-vifs postérieures à
l'adoption. Pour soutenir cette opinion, on raisonne
ainsi : Ce serait porter atteinte au grand principe de
l'irrévocabilité des donations que de permettre de faire
tomber des donations par une adoption postérieure, car
l'adoption dépend de la volonté de l'adoptant. Les art.
891 et 944 sont formels, surtout l'art. 944. D'un autre
côté, l'art. 960, qui admet la révocation des donations
pour cause de survenance d'enfants, ne parle que des
enfants légitimes nés du mariage ou des enfants naturels, mais légitimés par mariage subséquent ; il n'est
nullement question des enfants adoptifs, donc la donation antérieure à l'adoption ne peut être révoquée
par cette adoption. La seconde opinion, que nous préférons, soutient au contraire qu'il n'y a pas à distinguer entre les donations antérieures et celles postérieures à l'adoption, et que les unes et les autres sont
soumises à l'action en réduction de l'adopté faisant
valoir ses droits à la réserve. Les arguments sur lesquels se fonde la distinction que nous repoussons
sont, en effet, faciles à détruire. Et d'abord, en ce qui
concerne le principe de l'irrévocabilité des donations,
nous pouvons dire que si l'adoption exige le consentement de l'adoptant, elle n'en dépend cependant pas
exclusivement, car ce contrat exige un grand nombre
d'autres conditions tout à fait indépendantes de cette
volonté. Les donations entre-vifs sont irrévocables,
c'est vrai, mais elles sont toujours censées faites sous

la condition qu'elles ne préjudicieront point aux héritiers à réserve, au nombre desquels se trouve précisément l'enfant adoptif. Pourquoi, du reste, ne pas assimiler la survenance d'un enfant adoptif à celle d'un enfant né en mariage? Ne dépend-il pas aussi bien de la volonté du donateur de contracter mariage que de procéder à une adoption? Quant à l'argument tiré de l'art. 960 C. ci- , il ne nous touche guère, car il suppose précisément résolue la question de savoir si la survenance d'un enfant adoptif révoque une donation comme la survenance d'un enfant né en mariage ou légitimé par mariage subséquent. Or, à supposer même que cette question soit résolue négativement, il n'en résulterait pas par là même que la donation n'est pas soumise à l'action en réduction de l'adopté. Il y a en effet une grande différence entre la révocation de plein droit et celle qui n'a lieu qu'éventuellement au décès du *de cujus* et dans le cas où le droit du réservataire est certain. Une donation n'est pas révoquée par la survenance de nouveaux enfants, et cependant ces enfants peuvent agir en réduction et faire de cette manière tomber des libéralités faites avant leur naissance. Pourquoi l'adopté n'aurait-il pas le même droit?

Il ne faudrait pourtant pas pousser à l'excès l'assimilation entre les enfants adoptifs et ceux nés en mariage ; en effet, si l'assimilation était complète, il s'ensuivrait, puisque d'après les art. 913 et 914 du Code civil les descendants ont droit à la réserve, quel que soit leur degré, que les enfants de l'adopté ont aussi droit à une réserve sur les biens de l'adoptant. Pour le décider, il faudrait admettre qu'ils sont appelés à la succession *ab intestat* de l'adoptant, et c'est ce qu'il nous semble difficile d'admettre, d'abord parce que l'adoption étant une institution du droit positif ne produit ses principaux effets qu'entre l'adoptant et l'adopté, et que d'un autre côté l'existence de l'obligation alimentaire, qui toujours a été considérée comme le corollaire de la réserve, n'existe précisément, l'art. 349 est formel, qu'entre l'adoptant et l'adopté, et non entre l'adoptant et les enfants de l'adopté même nés postérieurement à l'adoption. L'argument tiré de cet article 349 est d'autant plus fort que le législateur, lorsqu'il s'est occupé de l'obligation alimentaire à propos de la parenté naturelle, a pris soin d'exprimer catégoriquement qu'elle existait entre les *aïeux* et leurs *petits-enfants*. Dès lors le silence absolu gardé à cet égard en matière d'adoption est tout à fait significatif. On a proposé une opinion intermédiaire (1), suivant laquelle les enfants de l'adopté auraient droit à la réserve lorsqu'ils sont nés postérieurement à l'adoption, parce qu'alors ils portent le nom de l'adoptant. L'argument est bien faible, parce qu'il ne suffit pas pour être parent d'une personne de porter son nom, et que du reste l'adopté lui-même porte le nom du père de l'adoptant, sans que pour cela on ait jamais songé à lui accorder une réserve sur les biens de ce dernier.

---

(1) V. MERLIN, *Quest. de droit*, v° Adoption, § 7.

II. *Enfant naturel.* — De même que nous avons
admis une réserve en faveur de l'enfant adoptif, de
même nous en admettons également une en faveur
de l'enfant naturel. L'art. 913 C. civ., il est vrai, ne
parle pas de l'enfant naturel., mais il ne parle pas
non plus de l'enfant adoptif, à qui pourtant nous
avons accordé la réserve. D'un autre côté, d'après
l'art. 757 C. civ., les enfants naturels ont dans la succession de leurs père et mère une portion du droit
qu'ils auraient eu s'ils eussent été légitimes ; de cette
disposition découle nécessairement leur droit à une
réserve, puisqu'ils en auraient eu une s'ils eussent
été légitimes. On peut même, ce nous semble, aller
jusqu'à dire que le droit des enfants naturels à une
réserve est textuellement écrit dans l'art. 761 C. civ.
Cet article, en effet, permet aux père et mère d'écarter de leur succession leur enfant naturel en lui
donnant la moitié de ce qui lui est attribué par la
loi, et à la condition que le père ou la mère s'en
explique formellement. Si les biens donnés à l'enfant
naturel sont inférieurs à cette moitié, il conserve le
droit de réclamer à la mort de ses parents le complément de cette moitié. Assurément ce droit de
réclamation n'est qu'un droit de réserve, et il serait
bien singulier de soutenir que l'enfant naturel peut
être absolument dépouillé par un legs universel, alors
que la loi prend soin de dire que le père ou la mère
ne peut l'écarter de sa succession qu'à la condition
de lui laisser une certaine portion de ses biens.

Quant aux enfants adultérins ou incestueux, la loi

ne leur accorde aucun droit de réserve : ils ne peuvent que réclamer des aliments.

De ce que nous avons accordé une réserve à l'enfant adoptif et à l'enfant naturel, il ne s'ensuit nullement que la réciproque soit vraie, c'est-à-dire que l'adoptant ou les père et mère naturels aient à leur tour droit à une réserve. En ce qui concerne l'adoptant, il n'y a pas matière à discussion, puisque, aux termes des art. 351 et 352 C. civ., l'adoptant n'est appelé à prendre dans la succession de l'adopté que les biens par lui donnés et qui se retrouvent en nature ou sont représentés, soit par une créance du prix, soit par une action en rescision. Pour les père et mère d'un enfant naturel, il faut admettre la même décision, bien que, cependant, quelques auteurs aient soutenu leur droit à une réserve. Aucun argument de texte n'a été fourni à l'appui de cette opinion : les seules raisons que l'on a pu donner sont tirées d'un prétendu principe de réciprocité et de la corrélation entre la réserve et la créance alimentaire. Mais ces raisons que l'on peut trouver puissantes, si l'on veut, au point de vue législatif, demeurent sans force du moment où il ne s'agit que d'interpréter et d'expliquer la loi.

La réserve, ainsi que nous l'avons dit, étant une portion de la succession *ab intestat*, il s'ensuit que les descendants et les ascendants ne peuvent y prétendre qu'à la condition d'être en ordre utile pour succéder. Cette conséquence est assurément fort naturelle, et l'on a peine à comprendre qu'elle ait pu donner lieu à quelque difficulté. Pourtant, comme la loi n'accorde pas de réserve aux collatéraux et que néanmoins elle les préfère dans certains cas aux ascendants, on peut éprouver de l'hésitation à se décider sur la question de savoir si les ascendants peuvent réclamer leur réserve alors que le *de cujus* a laissé des frères et sœurs qu'il a écartés de sa succession par l'institution d'un légataire universel. En l'absence d'un legs universel, il est évident que les ascendants ne devraient pas être admis à réclamer la réserve; la présence des frères et sœurs les exclut, en effet, de la succession. Mais du moment où le défunt a institué un légataire universel, une difficulté sérieuse apparaît. Pour soutenir que, même dans ce cas, les ascendants n'ont aucun droit à la réserve, on peut dire : Le legs universel ne cause aucun préjudice à l'ascendant, puisque si le *de cujus* ne l'avait pas fait, l'ascendant n'aurait néanmoins eu aucun droit à la succession, qui aurait été recueillie par le collatéral privilégié. Celui-ci peut, il est vrai, renoncer, et alors l'ascendant, par l'effet de cette renonciation, viendrait en ordre utile pour succéder. Mais, dit-on, dans l'hypothèse où nous sommes, comment tenir compte d'une renonciation du collatéral privilégié? Elle ne saurait produire d'effet, puisque par elle le collatéral privilégié ne change en aucune façon sa position vis-à-vis du légataire universel. Qu'il renonce ou qu'il ne renonce pas, peu importe, il est, quoi qu'il arrive, exclu par le légataire. Si l'on accordait à une telle renonciation l'effet de permettre à l'ascendant de réclamer la réserve, il faudrait alors dire qu'il dépend du collatéral de faire tomber ou de laisser subsister les volontés du défunt, et que sa détermination n'aura d'autre mobile que l'intérêt qu'il pourrait en retirer. Le collatéral se trouvera placé entre l'ascendant réservataire et le légataire universel, dont les intérêts sont opposés et qui, chacun de leur côté, chercheront à prix d'argent, le premier à obtenir une renonciation, le second à l'empêcher, et ce sera celui qui paiera le plus qui l'emportera.

Cette argumentation est spécieuse, mais elle ne nous séduit pas, car, à notre avis, en raisonnant de la sorte, on n'a pas placé la question sur son véritable terrain. Nous reconnaissons que dans l'hypothèse proposée, une renonciation à la succession de la part du collatéral privilégié ne saurait avoir d'effet ; mais qu'il renonce ou qu'il ne renonce pas, cela ne doit pas nous préoccuper, et dès lors disparaît déjà la raison de moralité invoquée plus haut. Mais, de ce que nous reconnaissons qu'une renonciation du collatéral ne saurait être juridiquement efficace, il ne s'ensuit pas, croyons-nous, que les prétentions de l'ascendant à la réserve doivent être écartées. Il nous semble, en effet, que le collatéral se trouvant par l'effet du legs universel complétement écarté de la succession, doit être mis absolument de côté : le légataire se trouve donc directement en présence d'un ascendant qui est réservataire et au droit duquel aucun obstacle ne saurait dès lors être opposé. Cette opinion, qui nous

paraît la seule admissible, s'appuie sur l'art. 916 C. civ.,
d'après lequel ce n'est qu'à défaut de descendants et
d'ascendants que le défunt peut disposer par actes
entre-vifs ou testamentaires de la totalité de ses
biens. Disons toutefois que si le *de cujus* ne laisse
rien dans la succession parce qu'il a disposé de tous
ses biens durant sa vie, l'ascendant, dans ce cas, ne
pourra pas exercer l'action en réduction, car alors
les collatéraux privilégiés ne se trouvant plus exclus
de la succession, empêchent par leur présence l'ascendant de prétendre à la succession *ab intestat*, ce
qui lui serait cependant nécessaire pour réclamer sa
réserve. C'est dans une telle hypothèse que l'on
pourrait vraiment agiter la question de savoir si
une renonciation de la part des collatéraux privilégiés pourrait produire quelque effet, en rappelant à
cet égard les motifs que nous avons donnés plus
haut.

On pourra également agiter la même question, si
le défunt s'est contenté d'instituer un légataire particulier ou à titre universel. Dans ces diverses hypothèses la solution que nous adopterions est celle-ci :
Les collatéraux acceptant la succession, l'ascendant ne
peut prétendre à la réserve, il le pourrait au contraire
en cas qu'ils renoncent. Cette renonciation de la part
des collatéraux ne saurait être, en effet, considérée
comme inutile, car elle peut avoir pour but de se
soustraire aux charges de la succession : dès lors on
ne peut la réputer frauduleuse, et elle aura pour effet
d'appeler à la succession *ab intestat* l'ascendant qui,

en conséquence, sera en situation de réclamer sa réserve. En un mot, notre opinion est que pour avoir droit à la réserve, il n'est pas absolument nécessaire d'être en ordre utile de succéder *au moment du décès* du *de cujus*, il suffit qu'on soit appelé à sa succession *même par suite d'événements postérieurs à son décès*, ainsi que cela nous paraît résulter de l'art. 785 du C. civ.

SECTION II.

DU MONTANT DE LA RÉSERVE.

La réserve des enfants varie suivant leur nombre. D'après l'art. 913 C. civ., le *de cujus* qui laisse un enfant à son décès ne peut disposer que de la moitié de ses biens ; s'il laisse deux enfants, la quotité disponible n'est plus que du tiers, et elle est réduite au quart lorsqu'il y a trois enfants. On voit par là que la quotité disponible est égale à une part d'enfant. Mais cela n'est rigoureusement vrai qu'autant qu'il n'y a que trois ou moins de trois enfants réservataires. Car, passé ce nombre, la quotité disponible ne varie pas, elle reste fixée au quart, quel que soit le nombre des enfants. Il n'en était pas de même, ainsi que nous l'avons vu, sous le régime de la loi du 4 germinal an VIII, car le disponible, qui était du quart lorsque le *de cujus* laissait trois ou moins de trois enfants, n'était jamais, lorsque ce nombre était dépassé, que d'une part d'enfant. Nous ne nous préoccuperons pas de rechercher lequel de ces deux systèmes est le meilleur en législation ; ce serait entrer dans une discussion un peu épineuse et qui rentre plutôt dans les attributions du moraliste et de l'économiste que dans celles du jurisconsulte. Nous nous contenterons donc d'expliquer les dispositions de notre code sans les juger, et de rechercher comment doivent se décider les difficultés que l'on peut rencontrer.

Après avoir fixé dans l'art. 913 le montant de la réserve des enfants, suivant qu'ils sont en plus ou moins grand nombre, le législateur dispose dans l'article suivant : Sont compris sous le nom *d'enfants* les descendants en quelque degré que ce soit ; néanmoins *ils ne sont comptés que pour l'enfant qu'ils représentent dans la succession du disposant.* S'il ne s'agit que de la représentation proprement dite, telle qu'elle est organisée par les articles 739 et suivants, il n'y a pas de difficulté. Ainsi, dans le cas où le *de cujus* laisse un ou plusieurs fils et des petits-enfants issus d'un fils prédécédé, ces petits-enfants ne seront comptés que pour une part d'enfant dans la réserve, quel que soit leur nombre, parce qu'ils représentent leur père. Ainsi encore, lorsque le *de cujus* ne laisse que des petits-enfants issus de deux fils prédécédés, la quotité disponible sera du tiers, absolument comme s'il n'y avait pas eu prédécès de leur père. Mais supposons que les petits-enfants viennent *de leur chef* à la succession de leur aïeul ; cela peut arriver d'abord lorsque tous les enfants du *de cujus* existent encore à son décès, mais s'abstiennent de la succession

ou en sont exclus comme indignes, et ensuite lorsque
les petits-enfants sont tous issus d'un fils ou d'une
fille unique prédécédée. Que décider dans ces deux
cas ? Faudra-t-il suivre à la lettre les dispositions de
l'art. 914 et dire que les petits-enfants ne venant pas
à la succession *par représentation*, cet article est inapplicable, de sorte que la quotité disponible devra se
calculer d'après le nombre des petits-enfants, sans
avoir égard à celui des enfants du premier degré dont
ils sont issus? Cette solution serait tout à l'avantage
des petits-enfants, dont le nombre étant toujours égal
et presque toujours supérieur à celui des enfants du
premier degré dont ils sont nés, produira nécessairement une diminution de la quotité disponible. Un seul
auteur [1], croyons-nous, a soutenu cette opinion,
qui n'a jamais trouvé d'adhérents. Vouloir que le
législateur, en employant dans l'art. 914 le mot *représentent*, n'ait eu en vue que la représentation proprement dite, c'est, ce nous semble, aller bien loin. Pour
nous, ce mot *représentent* est synonyme de *rem-
placent*; c'est dans ce sens qu'il est employé, de
l'aveu de tout le monde, dans les art. 749 et 751 C. civ.,
et nous trouvons tout naturel de lui donner le
même sens dans l'article qui nous occupe; autrement
l'on arriverait à des bizarreries qui sautent aux yeux
et qui rendent inadmissible le système dont elles
sont la conséquence.

La réserve des ascendants ne varie pas comme

---

[1] M. LEVASSEUR, *De la portion disponible.*

celle des descendants. Elle est d'un quart pour chaque ligne et elle y est recueillie par l'ascendant ou les ascendants les plus proches. Ainsi dispose l'art. 915 du C. civ. Cet article se termine par la disposition suivante : « Les ascendants auront seuls droit à cette réserve dans tous les cas où un partage en concurrence avec des collatéraux ne leur donnerait pas la quotité de biens à laquelle elle est fixée. » Cette disposition finale fut ajoutée à l'art. 915 sur les observations du tribunat, afin de repousser la prétention que des collatéraux en concours avec des ascendants auraient pu élever lorsque le *de cujus* aurait, avant de mourir, disposé d'une portion de ses biens. Lorsque la portion de biens dont le défunt a disposé sa vie durant est telle que les biens restant dans sa succession sont insuffisants pour qu'un partage entre les collatéraux et les ascendants puisse donner à ces derniers le montant intégral de leur réserve, il faut dire que l'ascendant ou les ascendants sont en droit de prendre dans les biens de la succession toute la part à laquelle ils ont droit comme réservataires, alors même que les collatéraux leurs cohéritiers n'auront plus qu'une part moindre ou même rien du tout. Les termes de l'art. 915 *in fine*, que nous avons cité plus haut, ne laissent aucun doute à cet égard, et le résultat qu'il amène n'a rien de choquant, car il ne faut pas perdre de vue que les collatéraux, n'ayant aucun droit de réserve, peuvent être exclus de la succession du défunt même entièrement par un legs universel, tandis que les ascendants sont protégés par la loi contre

los excessives libéralités du défunt. Dès lors il est tout
naturel que le préjudice causé aux successeurs *ab intestat* par l'existence d'un legs ou d'une donation soit
supporté, dans notre hypothèse, par les collatéraux,
qui ne peuvent en aucune façon critiquer les dispositions du *de cujus*, et non par les ascendants, qui le
peuvent.

Nous venons d'indiquer quel est le montant de la
réserve accordée aux enfants et aux ascendants, mais
nous nous sommes toujours placé dans l'hypothèse
où les descendants réservataires sont des descendants
légitimes. Voyons maintenant, puisque nous avons
accordé une réserve à l'enfant naturel, quel est le
montant de cette réserve. L'enfant naturel, on le sait,
n'est pas appelé à la succession *ab intestat* de ses père
et mère avec les mêmes droits que l'enfant légitime.
L'art. 757 C. civ. ne lui accorde dans cette succession
que le tiers, la moitié ou les trois quarts de ce qu'il
aurait recueilli s'il avait été légitime, suivant qu'il se
trouve en concours avec des descendants légitimes,
des ascendants ou collatéraux privilégiés, ou seulement des collatéraux. Cette disposition de l'art. 757,
sur laquelle, du reste, nous nous sommes déjà basé
pour admettre la réserve de l'enfant naturel, nous
servira encore à fixer le montant de cette réserve, car
nous procéderons par rapport à la réserve de la même
manière que la loi a procédé par rapport à la succession *ab intestat*, et nous dirons que la réserve de
l'enfant naturel sera, suivant les cas, du tiers, de la
moitié ou des trois quarts de ce qu'elle aurait été si

l'enfant naturel eût été légitime. Pour opérer ce calcul,
on considérera l'enfant naturel comme s'il était légitime et l'on déterminera, dans cette supposition, la
quotité de biens à laquelle il aurait eu droit, et on ne
lui en attribuera que le tiers, la moitié ou le quart.
S'il y a plusieurs enfants naturels, on se retrouvera en
présence des mêmes difficultés que fait surgir l'art.
757 à propos de la succession *ab intestat*. Nous ne
les examinons pas ici, car elles sont en dehors de
notre sujet.

CHAPITRE III.

DE LA RÉDUCTION A LA QUOTITÉ DISPONIBLE.

Jusqu'à présent nous n'avons fait que rechercher
quelle est l'étendue des droits du *de cujus* relativement à la disposition de ses biens, et nous avons vu
que sa liberté était entravée dans le cas où il laissait
à son décès des descendants ou des ascendants. Il ne
peut alors disposer que d'une certaine quotité et non
de l'intégralité de sa fortune. Mais il arrivera quelquefois que, malgré les prohibitions de la loi, le *de
cujus* outre-passera ses droits et portera atteinte à la
réserve. Nous avons donc maintenant à examiner
quelle est la sanction des art. 913 et suivants C. civ.,
en d'autres termes à examiner comment les libéra-

lités qui excèdent la quotité disponible doivent être
ramenées à cette quotité au moyen de l'action en
réduction.

Afin de mettre de l'ordre dans cette importante
matière, nous examinerons : 1° dans quel cas il y a
lieu à la réduction ; 2° qui peut demander la réduction ;
3° comment s'exerce l'action en réduction ; 4° enfin,
quelles sont les causes qui empêchent la réduction.

SECTION Iʳᵉ.

DANS QUELS CAS IL Y A LIEU A LA RÉDUCTION.

L'art. 920 C. civ. est ainsi conçu : « Les dispositions
soit entre-vifs, soit à cause de mort, qui excéderaient
la quotité disponible, seront réductibles à cette
quotité lors de l'ouverture de la succession. »

Pour qu'il y ait lieu à réduction, il faut donc que le
défunt, par ses libéralités, ait excédé les limites de la
quotité disponible. Mais de quelle manière arrivera-t-on
à l'établir ? C'est ce que nous apprend l'art. 922 C. civ.
« La réduction se détermine en formant une masse
» de tous les biens existant au décès du donateur ou
» testateur. On y réunit fictivement ceux dont il a
» été disposé par donation entre-vifs , d'après leur
» état à l'époque des donations et leur valeur au
» temps du décès du donateur. On calcule sur tous
» ces biens, après en avoir déduit les dettes, quelle
» est, eu égard à la qualité des héritiers qu'il laisse,
» la quotité dont il a pu disposer. » Une observation

préliminaire doit de suite être faite sur le mode d'opération indiqué par la loi. A prendre l'art. 922 au pied
de la lettre, la déduction des dettes ne devrait toujours être faite qu'après avoir composé la masse totale
des biens existant au moment du décès du défunt
et de ceux dont il a disposé par actes entre-vifs.
Mais en procédant ainsi, l'on n'arrivera à un résultat
exact qu'autant que les biens existant au moment du
décès seront supérieurs au passif de la succession ; si
c'est le passif qui l'emporte, il faut modifier les règles
tracées par la loi, car elles conduiraient à des résultats tout à fait inadmissibles, parce que les donataires retiendraient sur les biens donnés une valeur
qui ne serait plus, eu égard à la réserve, dans le rapport que la loi a établi.

Un exemple nous fera mieux comprendre. Le défunt laisse à son décès 20,000 fr. de biens et 40,000 fr.
de dettes. Les donations entre-vifs qu'il a faites s'élè-
vent à 50,000 fr. Si nous suivons l'art. 922 à la lettre,
nous arrivons à dire que la masse sur laquelle doit se
calculer la quotité disponible est de 50,000 + 20,000
— 40,000, soit 30,000 fr. Le défunt n'ayant laissé
qu'un enfant, la réserve est de la moitié, c'est-à-dire
15,000 fr.; les donataires conserveront donc 50,000 fr.
— 15,000, soit 35,000, et il en résultera que leur
part sera de plus du double de celle de l'enfant réservataire, tandis que d'après l'art. 913 C. civ. elle
devrait lui être égale. On pourrait même supposer un
cas où la réserve serait réduite à néant ; cela se produirait toutes les fois que les dettes laissées par le défunt se-

raient égales à la masse formée par la réunion des biens
donnés entre-vifs à ceux existant lors de l'ouverture
de la succession. Dans ce cas, les donataires conser-
veraient tout ce qui leur a été donné et les réservataires n'auraient absolument rien. De tels résultats
ne sauraient être admis. C'est pourquoi nous ne sui-
vrons l'art. 922 à la lettre que lorsque le défunt laissera dans sa succession plus de biens que de dettes.
Dans le cas contraire, nous dirons : le passif excédant
l'actif, le défunt ne laisse rien ; la réserve doit donc
se calculer uniquement sur la totalité des biens donnés,
sans leur faire subir aucune réduction. C'est du reste
un point admis par tout le monde, et l'inexactitude
avec laquelle le législateur s'est exprimé ne doit pro-
venir sans doute que de ce qu'il a statué *de eo quod
plerumque fit.*

Cette observation faite, occupons-nous des opérations nécessaires pour arriver à la détermination de
la quotité disponible. Elles comprennent : 1° la for-
mation de la masse héréditaire ; 2° la déduction des
dettes ; 3° la réunion fictive à la masse ainsi composée
des biens donnés entre-vifs ; 4° l'évaluation de cette
masse totale.

Il faut d'abord composer la masse héréditaire. Cette
masse comprendra tous les biens laissés par le défunt,
ou dont il a disposé par testament, qu'ils soient meubles ou immeubles, corporels ou incorporels. Les
créances que le défunt pouvait avoir contre l'héritier
réservataire en feront partie, sans qu'on puisse ob-
jecter la confusion, car la confusion *potiùs eximit per-*

sonam ab obligatione quàm obligationem tollit. Lorsque toutes les créances sont bonnes, il n'y a pas de
difficulté ; si elles étaient absolument mauvaises et
qu'on ne puisse attendre aucun paiement du débiteur, on les rejetterait pour le tout. Mais il peut se
faire que, sans être absolument mauvaise, la solvabi-
lité du débiteur soit pourtant douteuse ; il peut aussi
arriver que les débiteurs soient parfaitement solva-
bles, mais que les créances ne soient que condition-
nelles. On ne saurait alors faire entrer dans la masse
héréditaire ces créances pour la totalité de leur valeur nominative ; seulement comment procéder ? Le
Code civil ne nous l'indiquant pas , rien n'em-
pêcherait, ce nous semble, de suivre les règles du
droit romain indiquées par Gaius (1) : les créances
douteuses ne seront comprises dans la masse héréditaire que pour une valeur fixée amiablement entre les
donataires et les réservataires ou judiciairement par
le tribunal. On pourra encore soit comprendre dans
la masse ces créances pour leur valeur nominative,
mais en ayant recours à des cautions fournies par
les donataires et légataires , soit les rejeter entièrement, à la condition que l'héritier fournisse cau-
tion.

Les biens laissés par le défunt doivent être estimés
au jour de son décès, car c'est à ce moment que le droit
à la réserve s'est ouvert, sans tenir compte des aug-
mentations ou des diminutions survenues postérieu-

(1) L. 73, § 1, D., *ad legem Falcidiam.*

9

rement, lesquelles resteront à l'avantage ou au détriment de l'héritier.

La masse héréditaire étant formée, on en déduit les dettes, même celles du défunt vis-à-vis du réservataire, et cela pour la même raison qui a fait comprendre dans la masse active les créances du défunt contre le réservataire. Si le passif excède l'actif, il ne faudra, ainsi que nous l'avons dit, tenir aucun compte de cet excédant et ne calculer la quotité disponible que sur la masse des biens dont le *de cujus* a disposé entre-vifs. Si, au contraire, et c'est le cas le plus ordinaire, l'actif est supérieur au passif, on forme la masse définitive sur laquelle doit être calculée la quotité disponible en réunissant cet excédant à tous les biens ayant fait l'objet de donations entre-vifs. Il n'y a pas lieu de distinguer, comme cependant l'avait fait au début la Cour de cassation, si les donataires sont des étrangers ou des héritiers; car le vœu de la loi, c'est que pour calculer la quotité disponible on forme une masse représentant exactement le patrimoine du défunt, tel qu'il eût été s'il n'eût disposé d'aucun bien. Il faudrait cependant faire exception pour les libéralités qui, d'après les art. 852 et 1573 du Code civil, ne sont pas sujettes au rapport (1), et ne pas les faire entrer en ligne de compte.

Toutes ces opérations sont assez simples et ne

_____

(1) Il est bien entendu que la dispense de rapport émanée de la volonté du disposant, conformément à l'article 919 C. civ., ne produirait pas le même effet.

présentent pas de difficultés, du moins en théorie.

L'explication de l'art. 918 C. civ. est plus délicate. Il est ainsi conçu : « La valeur en pleine propriété des » biens aliénés, soit à charge de rente viagère, soit à » fonds perdu ou avec réserve d'usufruit, à l'un des » successibles en ligne directe, sera imputée sur la » portion disponible, et l'excédant, s'il y en a, sera » rapporté à la masse. » Des termes de cet article, dont le principe se trouve dans la loi du 17 nivôse an ii, il résulte que la masse sur laquelle doit se calculer la quotité disponible devra, dans certains cas, comprendre des biens sortis du patrimoine du défunt pour entrer dans celui d'un de ses héritiers en ligne directe, en vertu d'un contrat qui, passé entre le défunt et toute autre personne, aurait été considéré comme à titre onéreux, mais que la loi, par suite d'une présomption légale, regarde comme à titre gratuit, du moment où le bénéficiaire est héritier présomptif du *de cujus*.

Les aliénations tombant sous l'application de l'art. 918 sont celles qui ont été faites « soit à charge de » rente viagère, soit à fonds perdu ou avec réserve » d'usufruit. » Ces aliénations, constituant des contrats aléatoires qui par conséquent ne peuvent être rescindés pour cause de vileté de prix, pouvaient fournir un moyen bien facile au *de cujus* d'avantager l'un de ses successibles au delà de ce que permet la loi. Mais le législateur a prévu qu'on pouvait éluder ses prescriptions, et c'est pourquoi il a dérogé au droit commun en annulant, du moins en partie, l'acte qu'il considère comme frauduleux, au moyen d'une présomption que l'on ne sera pas admis à faire tomber en administrant la preuve contraire, conformément à l'art. 1352 C. civ. Cette dérogation au droit commun doit être sévèrement restreinte aux cas prévus par l'art. 918, et ne saurait être en aucune façon étendue en dehors des termes de cet article. C'est pourquoi nous croyons que l'aliénation à charge de rente viagère doit être respectée lorsque la rente viagère est servie à une autre personne que le *de cujus*. Dans ce cas, en effet, la fraude ne saurait être présumée, car pour cela il faudrait dire que le *credi-rentier* en est complice, ce qu'il est difficile d'admettre. D'ailleurs, les aliénations à charge de rente viagère sont mises sur le même pied que celles avec réserve d'usufruit. Or, si l'usufruit était attribué à un autre que le *de cujus*, il n'y aurait pas, à proprement parler, vente avec réserve d'usufruit, et l'on ne saurait dès lors appliquer l'art. 918. Donc, on doit décider de même lorsque, dans l'aliénation à charge de rente viagère, cette rente doit être servie à un tiers.

Les successibles en ligne directe peuvent seuls invoquer l'art. 918 ; ils ne peuvent l'invoquer que contre des successibles de même qualité et à la condition de n'avoir pas donné leur consentement à l'aliénation, soit dans l'acte même, soit postérieurement. L'article 918 emploie le mot *successible*, qui n'a pas une signification bien précise. Aussi a-t-on discuté pour savoir ce qu'il fallait entendre par ce mot. Faut-il dire qu'il s'applique aux héritiers *présomptifs* du *de cujus* au moment de l'aliénation à charge de rente viagère ou avec réserve d'usufruit, ou bien faut-il décider que par successibles la loi entend ceux qui *au moment du décès* sont héritiers? On comprend tout l'intérêt que présente la question, surtout relativement à la disposition finale de l'article 918. Avec la première interprétation, l'héritier présomptif qui a fait approuver l'aliénation à fonds perdu ou avec réserve d'usufruit par tous ses cohéritiers présomptifs, au jour de l'aliénation, sera en pleine sécurité. Si, au contraire, on entend par successibles les héritiers au moment du décès du *de cujus*, il pourra arriver que des personnes qui, au jour de l'aliénation, n'étaient point ses héritiers le deviennent postérieurement et demandent l'application de l'art. 918, parce qu'elles sont en dehors de la disposition finale de cet article. Dans ce cas il n'y a plus aucune sécurité pour l'héritier auquel le défunt avait consenti, sans arrière-pensée de fraude, une aliénation à charge de rente viagère ou avec réserve d'usufruit. C'est surtout sur cet inconvénient très réel, nous le reconnaissons, que l'on s'est basé pour donner au mot successible, employé par l'art. 918, la signification d'héritier présomptif. On a ajouté, du reste, que cette interprétation était la moins rigoureuse et devait dès lors être admise, puisque la présomption légale dont nous nous occupons, étant exorbitante, doit plutôt être restreinte qu'étendue. Nous avouerons que cette argumentation, quelque sérieuse qu'elle soit, ne nous détermine pas ; le mot successible est employé à deux reprises dans l'art. 918, et doit nécessairement y être pris chaque fois dans le même sens. Or, il est évident que dans la seconde partie de l'article il signifie les héritiers au jour de l'ouverture de la succession, puisque le texte refuse le droit de demander l'imputation et le rapport dont il s'occupe, aux successibles en ligne directe qui auraient consenti aux aliénations à fonds perdu ou avec réserve d'usufruit, et qu'il n'était utile de leur enlever ce droit qu'en les supposant héritiers. Ainsi nous admettrions que tous ceux qui n'ont pas consenti à l'aliénation à fonds perdu ou avec réserve d'usufruit doivent être admis à invoquer la présomption de l'art. 918, alors même qu'ils n'étaient pas héritiers présomptifs du *de cujus* à ce moment, pourvu qu'ils le soient à l'ouverture de la succession. Il est bien entendu que si les successibles en ligne directe qui n'ont pas consenti à l'aliénation à fonds perdu ou avec réserve d'usufruit, renoncent à demander l'application de l'art. 918, les donataires ou légataires ne pourront pas la demander. La loi ne le dit pas textuellement ; mais le but qu'elle se propose par la présomption qu'elle établit est évident : elle n'a pas eu en vue de protéger les donataires ou légataires, mais bien d'empêcher l'un des successibles de recevoir, au détriment de ses cohéritiers, un avantage plus grand qu'elle ne le permet. Dès que ces derniers n'agissent pas, c'est qu'ils reconnaissent l'absence de toute fraude, et alors la présomption légale de l'art. 918 n'a plus de fondement.

Il est encore d'autres biens que l'on doit compren-

dre fictivement dans la masse pour le calcul de la
quotité disponible, par application des art. 853 et 854
du Code civil. Ce sont les avantages provenant ouver-
temént de contrats à titre onéreux passés entre le défunt et l'un de ses héritiers ; mais il faut que les pro-
fits retirés de ces contrats par l'héritier résultent immédiatement des contrats eux-mêmes ; s'ils ne résul-
taient que de circonstances postérieures, n'étant ni
rapportables ni réductibles, on ne saurait les comprendre dans la masse sur laquelle se calcule la quotité
disponible (art. 853). S'il s'agit d'associations faites
entre le défunt et l'un de ses héritiers, les avantages
que ce dernier pourra en tirer ne seront pas réunis à
la masse, à moins qu'il n'y ait fraude, et alors c'est
aux cohéritiers à le prouver, ou qu'il n'y ait pas d'acte
authentique pour régler les conditions de ces associations (art. 854). La loi exige qu'un acte authentique
soit dressé, et nous devons nous en tenir à cette disposition formelle, sans chercher à soutenir que l'acte
authentique pourrait être suppléé, lorsqu'il s'agit de
sociétés commerciales, par les formalités prescrites
par les lois sur les sociétés.

Les libéralités faites par le *de cujus* à des étrangers
doivent être réunies fictivement à la masse sur laquelle la réserve sera calculée, quelle que soit la forme
sous laquelle elles ont été faites. Quant aux actes à
titre onéreux, à la différence de ceux passés avec des
successibles, ils doivent toujours être respectés, alors
même qu'il s'agirait de vente à fonds perdu ou avec
réserve d'usufruit, et que l'avantage recueilli par le

bénéficiaire serait considérable (1). A cette règle nous
ne trouvons qu'une seule exception applicable également au cas où il s'agirait d'un successible. Cette exception résulte de l'art. 1840 C. civ., d'après lequel nulle
société universelle ne peut avoir lieu qu'entre personnes
respectivement capables de se donner ou de recevoir
l'une de l'autre, et auxquelles il n'est point défendu
de s'avantager au préjudice d'autres personnes. Ces
autres personnes dont parle la loi ne peuvent être que
des héritiers à réserve. Il résulterait donc des termes
de notre article que le défunt qui laisse des héritiers
à réserve a pu contracter une société universelle. Or,
comme ce n'est qu'au décès d'une personne qu'on
peut savoir si elle laisse des héritiers réservataires,
la validité de la société serait en suspens jusqu'à ce
moment. Mais une telle conséquence nous paraît inadmissible, car elle tendrait à une prohibition presque
absolue des sociétés universelles et ne se justifierait
nullement. Nous pensons que le législateur n'a eu en
vue qu'une seule chose dans l'art. 1840, c'est d'empêcher qu'au moyen des sociétés universelles on
puisse porter atteinte à la réserve ; or, pour atteindre
ce but, il suffit de dire que l'avantage recueilli par
les coassociés sera réductible à la quotité disponible,
et c'est en conséquence dans ce sens que nous enten-
dons les derniers mots de l'art. 1840.

La masse sur laquelle doit se calculer la quotité

(1) Si le contrat à titre onéreux n'a servi qu'à déguiser une donation,
cette donation serait nulle *ob defectum formæ.*

disponible étant définitivement formée de la manière que nous venons d'indiquer, il reste une dernière opération à effectuer avant de pouvoir déterminer s'il y a ou non lieu à réduction. Il faut en effet évaluer les biens dont nous avons formé une masse, et l'art. 992 C. civ. nous trace les règles à suivre pour faire cette évaluation. Nous avons déjà dit que les biens laissés par le défunt étaient évalués d'après leur état et leur valeur au moment de l'ouverture de la succession. Pour les biens dont le défunt a disposé avant son décès, on les évalue d'après leur état à l'époque des donations et leur valeur au temps du décès du testateur. On fait donc abstraction de toutes les améliorations ou diminutions provenant uniquement du fait des donataires, mais on tient compte de celles provenant de cas fortuits, de façon à atteindre le même résultat que si les biens donnés n'étaient jamais sortis du patrimoine du défunt. Le mode d'évaluation s'applique aussi bien aux meubles qu'aux immeubles; la loi, en effet, ne distingue pas comme lorsqu'il s'agit du rapport, lequel se fait, à l'égard du mobilier, sur le pied de la valeur lors de la donation (art. 868). La raison que l'on peut donner de cette différence, c'est que le rapport étant prévu, le successible sait à quoi il s'expose, s'il garde en nature le mobilier qu'il est réputé avoir acheté à ses risques et périls, tandis que le donataire ordinaire ne devant pas s'attendre à la réduction, il serait trop rigoureux de l'obliger à tenir compte à la succession d'une valeur plus grande que celle dont il se trouve enrichi au temps du décès.

Cette dernière opération terminée, il est aisé de calculer le montant de la quotité disponible eu égard au nombre et à la qualité des réservataires. Toutefois, une difficulté pouvait encore se présenter lorsqu'il s'agissait de constitution d'usufruit ou de rente viagère. L'incertitude qui règne sur la durée de l'existence de la personne sur laquelle ces droits sont constitués aurait presque toujours empêché d'apprécier d'une façon exacte si la quotité disponible était ou non dépassée. Pour remédier à cet inconvénient, le législateur formule dans l'art. 917 la règle suivante : « Si la disposition par acte entre-vifs ou par testament est d'un usufruit ou d'une rente viagère dont la valeur excède la quotité disponible, les héritiers au profit desquels la loi fait une réserve auront l'option ou d'exécuter cette disposition, ou de faire l'abandon de la propriété de la quotité disponible. » Le droit d'option accordé aux réservataires pourra être exercé par eux toutes les fois qu'ils croiront la quotité disponible dépassée ; la loi les laisse juges de cette question, et le légataire ou le donataire sera obligé d'accepter leur décision, sans qu'ils puissent argumenter des mots *dont la valeur excède la quotité disponible*, employés par la loi pour soutenir que le droit d'option n'existe qu'au cas où la quotité disponible est réellement dépassée : ce qui rendrait nécessaire l'estimation que le législateur a précisément cherché à éviter. Ce que la loi a voulu dire, c'est que lorsque l'usufruit est constitué sur un immeuble dont la valeur en toute propriété excède la quotité dispo-

nible, ou que les arrérages de la rente représentent
les intérêts d'un capital supérieur à cette même quotité, le réservataire peut se dispenser d'exécuter la
disposition en abandonnant tout le disponible. S'il y
a plusieurs réservataires, devrons-nous dire par analogie des art. 1670 et 1685 C. civ. qu'ils doivent se
concerter pour prendre parti, et qu'en cas de désaccord de leur part, le donataire peut exiger l'exécution
de la disposition faite en sa faveur? Nous ne le pensons pas : le droit d'option accordé par l'art. 917 appartient en effet à chacun des réservataires séparé-
ment et pour sa part. Les raisons qui ont fait édicter
les art. 1670 et 1685 en matière de réméré et de rescision de la vente pour cause de lésion des sept dou-
zièmes, n'existent du reste pas ici, et alors on ne
saurait argumenter par analogie de ces articles.

SECTION II.

DES PERSONNES QUI PEUVENT INTENTER L'ACTION EN RÉDUCTION.

L'art. 921 nous indique quelles sont les personnes
qui peuvent intenter l'action en réduction. Il est
ainsi conçu : « La réduction des dispositions entre-
» vifs ne pourra être demandée que par ceux au
» profit desquels la loi fait la réserve, par leurs héri-
» tiers ou ayants cause. Les donataires, les légataires,
» ni les créanciers du défunt ne pourront demander
» cette réduction ni en profiter. » Puisque la dis-
ponibilité n'est limitée qu'en vue de la réserve établie

pour les héritiers d'une certaine qualité, il est clair qu'à ces héritiers seuls doit, en principe, appartenir le droit d'argumenter de cette limitation ; les héritiers au profit desquels la réserve n'est pas faite ne sauraient donc agir par l'action en réduction contre les légataires ou donataires. De même, le réservataire qui renonce à la succession ne saurait être admis à intenter l'action en réduction, car par sa renonciation il perd le droit de réclamer la réserve, ainsi que nous l'avons établi dans notre premier chapitre ; c'est à cet endroit que nous avons réfuté l'opinion de ceux qui prétendent que si l'art. 921 a refusé l'action en réduction aux créanciers héréditaires, c'est uniquement parce que, ainsi que l'a soutenu Malleville au conseil d'Etat, le légitimaire n'agit pas nécessairement en qualité d'héritier. Il est donc inutile d'entrer ici dans de nouveaux détails. On peut remarquer que dans l'art. 921 la loi ne parle pas des dispositions testamentaires, elle ne s'occupe que de la réduction des donations entre-vifs. Faudrait-il conclure de là que la règle à laquelle sont soumises ces deux sortes de libéralités n'est pas la même, et que les legs pourraient être attaqués comme réductibles à la quotité disponible par des personnes auxquelles il n'est pas dû de réserve? Assurément non. Si la loi n'a parlé que des donations entre-vifs, c'est que pour les legs il y a une cause de réduction plus puissante que l'atteinte portée à la réserve. Les biens laissés par le *de cujus* doivent servir à payer ses créanciers et ses légataires, mais le *de cujus* n'a pu, par ses dispositions testamentaires,

porter atteinte aux droits de ses créanciers dont son
patrimoine tout entier forme le gage (art. 2092 et
2093). Il en résulte que les legs doivent être réduits
au profit des créanciers avant qu'il puisse être question de les réduire au profit des réservataires. Quant
aux donations entre-vifs, le but de la loi était de les
soustraire à une action en réduction de la part des
créanciers de la succession. C'est uniquement sur cet
objet qu'a roulé la discussion qui aboutit à la rédaction de l'art. 921, lequel dès lors ne parle que des
donations entre-vifs.

Le droit d'intenter l'action en réduction, qui est
refusé aux créanciers de la succession, appartient, au
contraire, aux créanciers personnels de l'héritier réservataire, car la loi l'accorde non-seulement à l'héritier réservataire lui-même, mais encore à ses ayants
cause, ce qui comprend évidemment les créanciers
agissant en son nom conformément à l'art. 1166. Ces
créanciers peuvent même, en cas que leur débiteur
renonce à son droit d'intenter la réduction, s'en res-
saisir en faisant rescinder sa renonciation comme
frauduleuse (art. 1167). A plus forte raison profite-
ront-ils de la réduction obtenue par le réservataire
qui fait valoir ses droits.

Les créanciers héréditaires ne peuvent ni demander
la réduction des donations entre-vifs ni en profiter.
On comprend aisément qu'ils ne puissent la demander : si en effet la donation est antérieure à leur
créance, ils ne sauraient prétendre un droit de gage
sur des biens déjà sortis du patrimoine de leur débi-

teur au moment où ils ont contracté avec lui ; si la
donation est postérieure à leur créance, elle pourra
porter atteinte à leurs droits, mais ils sont protégés
dans de justes limites par l'action révocatoire que
leur accorde l'article 1167. Il est plus difficile de se
faire à l'idée que les créanciers héréditaires ne pourront profiter de la réduction lorsqu'elle aura été obtenue par l'ayant droit. « La légitime, disait le pre-
» mier consul, ne doit être fournie que sur les biens
» de la succession, et les biens ne peuvent être que
» ce qui reste après le paiement des dettes. » Avant
donc de songer à accorder une réserve à l'héritier, il
paraît équitable de désintéresser tous les créanciers
de la succession. Pourtant, si l'on y réfléchit bien, le
résultat auquel tend l'article 921 n'a rien que de très
rationnel et de très conforme aux principes. Les donations contre lesquelles le réservataire agit en réduction n'ont pas été faites en fraude des droits des créanciers ; autrement ceux-ci pourraient invoquer l'art.
1167. Dès lors, en l'absence d'héritier à réserve, ces
donations resteraient valables pour le tout, bien que
les créanciers ne puissent être intégralement payés.
Personne ne trouve ce résultat choquant, car, malgré
les articles 2092 et 2093, le débiteur n'a pas perdu le
droit de disposer de ses biens, pourvu qu'il n'agisse
pas en fraude des droits de ses créanciers. La présence d'un héritier à réserve ne saurait modifier ce
résultat ; elle n'aggrave en aucune façon la position
du créancier, qui sera toujours payé sur les biens com-
posant la succession, de préférence au réservataire

réclamant le montant de sa réserve. Ce dernier, il est vrai, pourra peut-être obtenir quelque chose malgré l'insolvabilité de la succession, mais ce qu'il obtiendra, il ne l'enlève pas aux créanciers héréditaires, dont il laissera tous les droits intacts; il l'enlèvera à des donataires qui sont préférables, tout le monde l'admet, à ces créanciers héréditaires, lesquels ne pourraient poursuivre le paiement de leurs créances sur les biens compris dans les donations; dès lors il n'y a rien d'inique à ne pas permettre aux créanciers de profiter d'un bénéfice tout personnel accordé par la loi au réservataire, et qui ne leur nuit en aucune façon.

Pour que les créanciers héréditaires ne puissent pas profiter de la réduction obtenue par le réservataire, il faut nécessairement supposer que ce dernier n'a accepté la succession que sous bénéfice d'inventaire. S'il avait accepté purement et simplement, les créanciers héréditaires seraient devenus les créanciers personnels, et en cette dernière qualité ils pourraient, comme nous l'avons vu, non-seulement profiter de la réduction obtenue par lui, mais encore la demander eux-mêmes en son nom.

Sur la même ligne que les créanciers de la succession la loi place les donataires et les légataires, auxquels elle refuse également le droit de demander la réduction et d'en profiter quand elle a été obtenue. Par là, peut-être, le législateur entend seulement proclamer en principe qu'une donation ne doit point être réduite pour faire valoir une donation postérieure ou un legs. C'est par application de ce principe qu'est établie la règle qui prescrit de réduire d'abord les legs jusqu'à complet épuisement, avant d'attaquer les donations, et de faire porter la réduction sur les dernières donations avant d'atteindre les plus anciennes. On peut pourtant, dans certains cas, trouver l'application directe de l'article 921, soit contre un donataire, soit contre un légataire. Cet article sera directement applicable contre un donataire de somme d'argent ou de quantité non payée du vivant du donateur et qui, en raison de la date de son titre, aurait droit à tout ou partie de la quotité disponible, de préférence à des donataires postérieurs. Ce donataire, ne trouvant pas dans les biens existant lors du décès de quoi se remplir de sa donation, ne pourra, pour y arriver, faire réduire à son profit les donations postérieures à la sienne. Quant au légataire, pour que l'article 921 lui soit directement applicable, il faut supposer le cas particulier où la quotité disponible n'est pas la même pour le donataire et pour le légataire, cas qui, peut résulter de la combinaison de l'article 1094 avec les articles 913 et 915, et aussi de l'article 1098 combiné avec l'article 913. Supposons, par exemple, que le *de cujus* meurt en laissant un enfant ; la quotité disponible d'après l'article 913 est de moitié ; mais le *de cujus* a fait à son conjoint une donation absorbant à elle seule toute la succession, et par testament il a institué un légataire universel. Dans cette hypothèse, l'enfant réservataire pourra intenter l'action en réduction contre le conjoint survivant et obtenir par l'effet de la réduction, conformément à l'article 1094, la moitié des biens donnés en pleine propriété, et l'autre moitié ou seulement un quart en nue propriété, car la quotité disponible entre époux est plus faible dans ce cas que quand il s'agit d'un étranger. Le légataire universel pourra-t-il dire à l'enfant réservataire : Vis-à-vis de moi la quotité disponible est de la moitié ; donc vous devez me donner tout ce que vous avez obtenu en plus de cette moitié par la réduction à laquelle vous avez soumis le conjoint survivant ? Ou bien, si le réservataire négligeait d'exercer la réduction, le légataire pourrait-il l'exercer lui-même dans la limite du profit qu'il pourrait en tirer ? Non, aux termes de l'article 921, car le légataire, comme le donataire, ne peut ni demander la réduction ni en profiter.

SECTION III.

CONTRE QUI L'ACTION EN RÉDUCTION PEUT ÊTRE INTENTÉE.

L'action en réduction est une action réelle opposable aux tiers : la réserve, en effet, n'étant, ainsi que nous l'avons dit, qu'une portion de la succession *ab intestat*, constitue un droit réel sur la quotité des biens qui en forme l'objet : dès lors l'héritier réservataire doit nécessairement pouvoir réclamer en nature les biens réservés en sa faveur, sans être tenu de se contenter de la valeur estimative de ces biens. La loi prend, du reste, soin, dans les articles 929 et 930 C. civ., de nous bien fixer sur le caractère réel de l'action en réduction. Toutefois, ainsi qu'on peut le voir par ce dernier article, les principes ordinaires qui régissent les actions réelles n'ont pas été admis ici dans toute leur rigueur, et c'est avec raison. Si, en effet, le législateur devait protéger efficacement les droits des héritiers à réserve, il devait aussi, toutes les fois que la nécessité ne s'en faisait pas absolument sentir, éviter de porter atteinte à la stabilité de la propriété, en admettant, sans exception, toutes les conséquences découlant de la nature de l'action en réduction. Ces conséquences devraient nécessairement conduire à décider, non-seulement que la réduction fait rentrer entre les mains des réservataires les immeubles ou portions d'immeubles retranchés francs et quittes de tous droits réels consentis par le donataire ou nés de son chef, mais encore que les réservataires peuvent revendiquer les biens compris dans une donation soumise à la réduction, entre les mains des tiers détenteurs, sans être obligés de discuter préalablement le donataire de qui les tiers les ont obtenus. Notre ancien droit admettait, en ce qui concerne la légitime, toutes ces conséquences sans y apporter aucun tempérament. Le Code civil, au contraire, se montre moins rigoureux. Il établit une distinction entre les aliénations et les constitutions de droits réels. Les hypothèques, servitudes ou autres droits réels, restent soumis à la rigueur du principe : *Resoluto jure dantis, resolvitur jus accipientis*, et s'évanouissent absolument dans tous les cas où l'immeuble sur lequel ils étaient cons-

titués fait définitivement retour à la masse héréditaire par l'effet de l'action en réduction (art. 929).
Mais il n'en est pas de même pour les aliénations.
Dans ce cas, l'article 930 dispose que « l'action en
» réduction ou revendication pourra être exercée par
» les héritiers contre les tiers détenteurs des im-
» meubles faisant partie des donations et aliénés par
» les donataires, de la même manière que contre les
» donataires eux-mêmes, *et discussion préalablement*
» *faite de leurs biens.* » C'est dans ces derniers mots
de l'article 930 que les tiers détenteurs trouvent une
protection contre les poursuites dont ils pourraient
être l'objet. Au moyen du bénéfice de discussion que
leur accorde la loi, ils peuvent repousser l'action en
réduction intentée contre eux par le réservataire,
tant que celui-ci n'a pas établi judiciairement l'insolvabilité du donataire ; car, si le donataire est solvable,
l'héritier réservataire obtiendra de lui la valeur des
biens soumis à la réduction et devra s'en contenter ;
les tiers détenteurs resteront alors propriétaires des
biens. Si, au contraire, l'insolvabilité du donataire est
établie, le tiers détenteur peut être poursuivi ; toutefois, même dans ce cas, nous devrons décider que si
le tiers détenteur préfère conserver les biens par lui
acquis du donataire, il le pourra en offrant de payer
au réservataire leur valeur estimative. Cette décision
est conforme à l'intention de la loi, car en exigeant
la discussion des biens du donataire avant de permettre au réservataire de poursuivre le tiers détenteur, elle montre bien que par cela seul que l'im-

meuble objet de la donation réductible a été aliéné,
les réservataires n'ont plus droit qu'à sa valeur en
argent. Or, qu'importe que cette valeur estimative
soit payée au réservataire par le donataire plutôt que
par le tiers détenteur ?

L'article 930, en supposant que le donataire exposé
à l'action en réduction a aliéné l'immeuble donné, ne
distingue pas entre les aliénations à titre onéreux et
celles à titre gratuit. On pourrait pourtant dire que
ces dernières doivent rester soumises au principe général, et que le second donataire détenteur de l'immeuble peut être poursuivi par l'action en réduction,
sans pouvoir opposer le bénéfice de discussion et sans
pouvoir conserver les biens soumis à la réduction en
offrant d'en payer la valeur au réservataire. Le réservataire peut, en effet, avoir grand intérêt à reprendre
les biens en nature, et si la loi ne le lui permet pas lorsqu'il se trouve en face d'un acquéreur à titre onéreux,
c'est que ce dernier *certat de damno vitando* ; s'il
s'agit d'un acquéreur à titre gratuit, on n'a plus la
même raison de décider, car l'acquéreur à titre gratuit *certat de lucro captando :* son intérêt ne doit donc
pas être préféré à celui du réservataire. Ce système ne
saurait être admis ; il ne serait pas difficile de répondre aux motifs sur lesquels il justifie une distinction
qui n'est pas écrite dans la loi ; mais cela ne nous paraît pas nécessaire, et pour le repousser nous nous
bornerons à répondre : *Ubi lex non distinguit, nec nos
distinguere debemus.*

Nous avons supposé jusqu'à présent que les biens

donnés avaient été aliénés par le donataire et se trouvaient, au moment de l'ouverture de la succession,
entre les mains de tiers détenteurs. Occupons-nous
maintenant du cas où le donataire a conservé les
biens qui lui ont été donnés par le défunt. Si ce donataire est un étranger, il ne pourra jamais retenir les
biens revendiqués par le réservataire, mais devra les
restituer en nature. Si, au contraire, le donataire est en
même temps héritier réservataire du *de cujus,* le rapport ne s'effectuera pas toujours en nature : les articles 924 et 866 contiennent, à cet égard, une exception à la règle. Ces articles sont ainsi conçus :

Art. 924. « Si la donation entre-vifs réductible est
» faite à l'un des successibles, il pourra retenir, sur les
» biens donnés, la valeur de la portion qui lui appar-
» tiendrait, comme héritier, dans les biens non dispo-
» nibles, s'ils sont de même nature. »

Art. 866. « Lorsque le don d'un immeuble fait
» à un successible avec dispense de rapport excède
» la portion disponible, le rapport de l'excédant se
» fait en nature, si le retranchement de cet excédant
» peut s'opérer commodément.—Dans le cas contraire,
» si l'excédant est de plus de moitié de la valeur de
» l'immeuble, le donataire doit rapporter l'immeuble
» en totalité, sauf à prélever sur la masse la valeur de
» la portion disponible : si cette portion excède la
» moitié de la valeur de l'immeuble, le donataire peut
» retenir l'immeuble en totalité, sauf à moins pren-
» dre, et à récompenser ses cohéritiers en argent ou
» autrement. »

Une antinomie semble exister entre ces deux textes.
Tandis en effet que l'article 924 autorise l'héritier donataire à conserver sur l'immeuble donné sa part dans
la réserve, l'article 866, au contraire, ordonne le retranchement de ce qui excède la quotité disponible, à
moins que le retranchement ne puisse s'opérer commodément et que la portion disponible ne soit plus
forte que ce que la donation a pris sur la réserve.
Cette antinomie a donné lieu à plusieurs systèmes.

Dans un premier système, on a dit que l'article 924
s'appliquait à un héritier donataire renonçant à la
succession, et que l'article 866 supposait un héritier
donataire acceptant la succession. Nous ne pouvons
admettre ce système, car nous avons montré, dans
notre premier chapitre, que le donataire renonçant ne
pouvait retenir sur les biens à lui donnés qu'une valeur égale au plus à la quotité disponible, sans pouvoir la cumuler avec la réserve à laquelle il n'a pas
droit.

Dans un second système, on applique l'article 924
lorsque les biens restés dans la succession sont de
même nature que le bien donné, et l'article 866 dans
le cas contraire. Ce système pourrait parfaitement être
admis si l'historique de la rédaction de l'article 924
ne venait y mettre obstacle. Cet article fut primitive-
ment adopté par le conseil d'Etat sans les mots : *s'ils
sont de même nature*, sur lesquels le système base une
distinction. Ce ne fut que plus tard et sur les observations du tribunat qu'ils furent ajoutés ; il résulte
donc de là que le cas en vue duquel l'article 924 a été

fait n'était pas celui où les biens restants dans la succession sont de même nature que ceux faisant l'objet
de la donation soumise à la réduction, et dès lors ce
second système doit être encore rejeté.

Un troisième système est proposé par M. Duranton (1). Cet auteur combine les deux articles pour les
appliquer simultanément, de la manière suivante : si
le partage de l'immeuble donné peut se faire commodément, le retranchement se fera en nature, mais il
n'aura lieu que pour l'excédant de la quotité disponible réunie à la part du donataire dans la réserve ; si
le partage ne peut se faire commodément, il y aura
toujours lieu d'attribuer l'immeuble entier, soit à
l'héritier, soit à la succession, suivant que la portion
de cet immeuble soumise au retranchement sera inférieure ou supérieure à la moitié, et pour opérer ce calcul, l'héritier sera admis à réunir sa part dans la réserve à la quotité disponible. Les partisans de ce système ne l'appliquent qu'au cas où il y a dans la succession des biens de même nature que celui soumis à
la réduction. Pour ce motif nous pourrions déjà rejeter ce système en nous fondant sur les mêmes raisons
qui ont fait rejeter le précédent ; mais il y a plus : il
résulterait de la combinaison des articles 924 et 866,
telle qu'elle est proposée, une violation des textes. En
effet, ni l'article 924 ni l'article 866 ne permettent à
l'héritier donataire de conserver l'immeuble entier en
cas de partage incommode, lorsqu'il n'a droit à plus

(1) Tome VII, n° 402.

de la moitié de cet immeuble qu'en cumulant sa part dans la réserve avec la quotité disponible.

Nous arrivons à un quatrième système qui, d'après nous, est le seul admissible. Les articles 924 et 866, qui semblent en opposition, prévoient deux cas différents. Il se peut, en effet, ou bien que l'immeuble donné par préciput au successible ne soit atteint que partiellement par la réduction, ou bien que la réduction enlève au donataire la totalité de l'immeuble. L'art. 866 ne prévoit et ne règle que la première hypothèse ; le rapport de l'excédant se fera alors en nature si le retranchement peut s'opérer commodément ; sinon, il y aura lieu d'examiner si la portion soumise au retranchement est supérieure ou inférieure à la moitié de l'immeuble et d'appliquer la règle : *Major pars trahit ad se minorem*. Mais il peut fort bien arriver que l'immeuble donné soit en totalité atteint par la réduction ; cette hypothèse se présentera chaque fois que le disponible aura été épuisé avant la donation par préciput faite à l'héritier ; or, dans ce cas, on ne saurait appliquer l'art. 866, puisqu'il se borne à indiquer comment s'opère le retranchement de *la portion de l'immeuble qui excède la quotité disponible*. Si l'immeuble est en totalité atteint par la réduction, on ne saurait se préoccuper s'il est ou non commodément partageable ; l'héritier donataire par préciput n'a plus aucun droit sur lui. Mais cet héritier a droit comme héritier à une part dans la succession ; il était donc tout naturel, en considération de l'intérêt que cet héritier peut avoir

à posséder l'immeuble à lui donné et soumis à la réduction, et aussi en considération de la volonté présumée du disposant, il était, disons-nous, tout naturel de lui permettre de *retenir sur les biens donnés
la valeur de la portion qui lui appartiendrait comme
héritier dans les biens non disponibles*, c'est-à-dire sa
part dans la réserve, mais à une condition, c'est que les
biens non disponibles *soient de même nature*, car on
sait que l'égalité prescrite par le législateur en matière de partage doit être telle que non-seulement
chaque héritier ait une portion équivalente par sa
valeur à celle de ses cohéritiers, mais encore que la
part de chaque héritier soit également composée de
biens de même nature (art. 832).

Prenons des chiffres afin de mieux montrer en
quoi consiste le système que nous adoptons. Supposons, par exemple, un défunt laissant dans sa succession 20,000 fr. et deux enfants héritiers réservataires ; l'un d'eux a reçu par préciput une donation
de 30,000 fr.; mais, précédemment, le défunt avait
déjà donné à un étranger 10,000 fr. La masse sur laquelle se calcule la quotité disponible est de 20,000 +
30,000 + 10,000 = 60,000 fr.; donc la quotité disponible est de 20,000 fr. La donation faite à l'étranger
n'est pas atteinte par la réduction ; il n'en est pas de
même de celle faite à l'enfant par préciput ; elle doit
être réduite jusqu'à concurrence de 20,000 fr. On
doit dans ce cas appliquer l'article 866, et l'on exa-
minera si le retranchement peut s'opérer commodément, alors il aura lieu en nature ; sinon les biens

donnés feront intégralement retour à la succession,
puisque la portion soumise à la réduction excède celle
qui y échappe, sauf bien entendu le droit pour l'héritier de prélever dans le partage de cette succession
une valeur de 10,000 fr. Si les biens donnés par préciput
à l'enfant n'avaient été réductibles que jusqu'à concurrence de 10,000 fr. et même 14,000 fr., l'enfant les
aurait conservés, mais aurait tenu compte de l'excédant auquel il n'avait pas droit, soit en moins prenant, soit en fournissant une somme représentant
la valeur de cet excédant, c'est-à-dire 10,000 fr. ou
14,000 fr.

Prenons maintenant d'autres chiffres, mais en supposant toujours deux enfants ayant droit à la réserve :
l'un d'eux a reçu par préciput une donation d'un
immeuble valant 20,000 fr.; d'autres donations ont
été précédemment faites à des étrangers pour une
valeur de 20,000 fr. par le *de cujus*, qui meurt en laissant
dans sa succession 20,000 fr. de biens. La quotité
disponible est encore de 20,000 fr., et elle est absorbée
complétement par les donations faites à des étrangers.
Dès lors la donation faite à l'enfant réservataire est
nulle pour le tout et d'après les principes, sans que
l'on puisse appliquer dans ce cas l'art. 866; il faudrait
dire que les biens donnés par préciput doivent faire
retour à la succession. Mais l'enfant donataire par
préciput a droit, en sa qualité d'héritier, à une portion
de la succession qui, par l'effet de la réduction, est de
40,000 fr. Cette portion est de 20,000 fr., précisément
la valeur des biens à lui donnés; pourquoi dès lors ne

pas lui permettre de conserver ces biens, si les 20,000 francs restant dans la succession, et qui seront attribués à son cohéritier, sont de même nature que ceux qu'il retient ? Il n'y a à cela aucun inconvénient; au contraire, on sauvegarde l'intérêt du donataire par préciput et l'on se conforme à l'intention présumée du disposant; aussi l'article 924 permet-il ce résultat (1).

SECTION IV.

DANS QUEL ORDRE S'EXERCE LA RÉDUCTION.

Maintenant que nous savons quelles personnes sont soumises à l'action en réduction et comment s'exerce cette action, soit contre les donataires successibles ou non, soit contre les tiers détenteurs, il ne nous reste plus qu'à examiner l'ordre à suivre pour opérer la réduction. Il nous est indiqué par les articles 923, 926, 927 et 930 *in fine*.

La règle générale est que, dans le cas où il y a lieu à réduction, cette réduction s'opère en suivant l'ordre dans lequel les libéralités qui y sont soumises ont été faites, c'est-à-dire en commençant par la dernière en date et en remontant des plus récentes aux plus anciennes. Lorsque deux ou plusieurs libéralités se trouvent avoir été faites à la même date et ne sont soumises qu'à une réduction partielle, la réduction

---

(1) V. MARCADÉ, sur l'art. 924, n° 3.

s'opère au marc le franc. Cette règle est d'une équité
évidente, et il en résulte que la réduction doit porter
d'abord sur les dispositions testamentaires (art. 923
et 925). Rien n'était plus naturel : les donations entre-
vifs sont, en effet, irrévocables, mais cette irrévocabilité eût été illusoire si le disposant avait pu leur
porter atteinte et les soumettre à la réduction par des
libéralités postérieures, soit entre-vifs, soit testamentaires. On commence donc la réduction par les legs :
cette réduction s'opère au marc le franc, car ici nous
nous trouvons en présence de libéralités ayant toutes
la même date, et il n'y a pas de raison pour réduire
un legs avant l'autre. On ne le fera qu'autant que le
disposant aura clairement manifesté sa volonté à cet
égard (art. 927), car alors il y a un motif pour ne pas
se conformer à la règle et pour ne réduire qu'après
tous les autres le legs à l'acquittement duquel le défunt tient davantage. Mais il faut que cette volonté
soit formellement exprimée ; on ne doit point se contenter d'une volonté présumée, et dès lors il n'y
aura pas à se préoccuper d'établir une distinction
entre les legs universels, à titre universel ou particulier, ainsi que cela se faisait dans notre ancien droit,
qui préférait les legs particuliers aux legs universels
ou à titre universel et commençait la réduction par
ces derniers. Le Code, en ne reproduisant pas le
système suivi autrefois, a, croyons-nous, sage-
ment agi, car la distinction qu'il repousse était fondée sur une présomption souvent contraire à la
vérité : comment, en effet, admettre que le défunt

avait moins d'affection pour un légataire universel
que pour celui à qui il ne fait qu'un legs à titre
particulier ? Lors donc que le *de cujus* n'a pas
indiqué qu'il préférait tel légataire à tel autre, on
les mettra tous sur la même ligne, et, pour opérer
la réduction proportionnelle que prescrit la loi, on
recherchera, s'il y a des légataires universels ou à
titre universel, ce qu'ils auraient obtenu en l'absence
de toute réduction, et la réduction qu'ils doivent subir
se calculera sur cette quotité. Par exemple, le défunt
laisse 30,000 fr. ; 10,000 fr. de legs particuliers et
un légataire universel; la réserve est de 15,000 fr.,
car nous supposons un enfant réservataire. Dans cette
hypothèse, nous procéderons ainsi : le légataire universel aurait eu 20,000 fr. s'il n'y avait pas eu de réservataire, ce réservataire a droit à 15,000 fr., qui doivent
lui être fournis par le légataire universel et le légataire
particulier : le premier, au lieu de prendre 20,000 fr.,
ne prendra que 10,000 fr., et le légataire particulier
5,000 fr. au lieu de 10,000 fr. On pourrait croire que,
par suite de ce mode de procéder, le légataire universel sera toujours sûr d'avoir quelque chose dès
que les légataires particuliers auront eux-mêmes droit
à quelque chose ; il n'en est pourtant pas ainsi : car,
en prenant les mêmes chiffres que plus haut, mais en
supposant que les legs particuliers se montent à
30,000 fr., il arrivera que le légataire universel n'aura
rien, tandis que les légataires particuliers prendront
15,000 fr. Toutefois, il faut bien remarquer que ce
n'est pas par l'effet de la réduction que ce résultat

est produit ; il n'a lieu que dans les cas où le légataire universel n'aurait rien eu alors même qu'il n'y
aurait pas eu de réduction, c'est-à-dire lorsque la
somme des legs particuliers égalera ou excédera non-
seulement la quotité disponible, mais encore la totalité des biens existant dans la succession lors du
décès du disposant.

Lorsque la quotité disponible a été épuisée du vivant du testateur, tous les legs sont caducs. Si le
disponible a été non-seulement épuisé, mais encore
dépassé, la réduction devra porter sur les donations
entre-vifs, en suivant l'ordre que nous avons indiqué
plus haut, c'est-à-dire en commençant par la plus
récente et en remontant par ordre de date jusqu'à la
plus ancienne, sans avoir égard à la qualité des donataires : on s'arrêtera quand la réserve aura été complétée. Nous disons que l'on ne doit point s'inquiéter
de la qualité des donataires et que la date des donations est seule à considérer. Cette proposition n'est
point pourtant universellement admise. M. Marcadé
a soutenu que les biens donnés en a᷍ncement
d'hoirie à un successible, qui plus tard renonce à la
succession pour s'en tenir au don qu'il a reçu, doivent
être réduits avant toute autre libéralité, même testamentaire. Et en effet, dit cet auteur, en agissant ainsi,
loin de violer l'article 923, on ne fait que l'appliquer
sainement. La vraie date des donations en avancement d'hoirie, c'est la date de la renonciation à la succession faite par ceux qui en ont été gratifiés, car
c'est à ce moment que la donation faite en avance-

ment d'hoirie est devenue une véritable donation ;
c'est à ce moment que les biens ainsi donnés ont
cessé d'être entre les mains du successible à titre de
portion intégrante de l'hérédité. Donc ces donations
sont postérieures même aux legs, puisque la renonciation ne peut être faite qu'après l'ouverture de la
succession ; donc les dons faits en avancement
d'hoirie doivent être réduits avant toutes autres libéralités même testamentaires. Ce raisonnement, ima-
giné pour obvier à l'inconvénient que nous avons
signalé et qui consiste en ce que le successible donataire en avancement d'hoirie peut, par sa renonciation
à la succession, annihiler ou amoindrir le droit que
la loi accorde au père de disposer de ses biens jusqu'à
concurrence de la quotité disponible, ce raisonnement, disons-nous, est assurément fort ingénieux,
mais il ne saurait être admis. L'héritier qui renonce à
la succession est censé n'avoir jamais été héritier
(art. 785) ; dès lors la donation qui lui a été faite doit
nécessairement être traitée de tout point comme une
donation faite à un étranger : on doit donc la réduire
à la date du jour où elle a été faite et non à la date
de la renonciation à la succession.

Si, au lieu de donations faites en avancement
d'hoirie, nous supposons des institutions contrac-
tuelles, faudra-t-il les réduire à leur date comme les
donations ordinaires, ou bien faudra-t-il les considérer
comme des legs et les réduire au marc le franc avec
les dispositions testamentaires ? Tout le monde est
d'accord pour dire que c'est le premier parti qui doit

être suivi. En effet, l'institution contractuelle est une
donation (art. 1082) d'une nature particulière, il est
vrai, mais cette donation est néanmoins irrévocable
en ce sens que le donateur ne peut plus disposer *à
titre gratuit* des objets compris dans la donation, si
ce n'est pour des sommes modiques, à titre de récom-
pense ou autrement (art. 1083). Il résulte de là que
l'institution contractuelle ne peut être soumise à la
réduction qu'après les donations postérieures en date,
qui, conformément à l'article 1083, ne sauraient lui
porter atteinte.

Il est bien plus difficile de décider si une donation
entre époux faite pendant le mariage ne doit être
réduite qu'après les legs et les donations qui lui sont
postérieures, ou bien si elle doit être assimilée aux
legs et réduite avec eux au marc le franc. Les donations entre époux sont toujours révocables (art. 1096) :
de là vient la difficulté, car on a voulu prétendre que la
révocabilité des donations entre époux devait conduire
à décider que ces donations sont réductibles comme
les legs. En effet, la donation entre époux étant révocable, le disposant, en faisant postérieurement des
donations ordinaires, manifeste par là même la volonté
de révoquer la donation faite à son conjoint pour
toute la quotité destinée à parfaire la réserve : c'est
donc la donation entre époux qui doit être réduite
avant toute autre et en même temps que les legs [1].
Cette opinion serait assurément admissible, si on la

[1] DURANTON, t. VIII, 357.

restreignait au cas où l'objet de la donation postérieure est le même que celui de la donation entre
époux, car alors l'intention du disposant de révoquer
cette dernière donation ne saurait plus être mise en
doute. Mais on ne s'arrête pas là, et l'on prétend que
sans qu'il y ait matière à distinction, l'existence d'une
donation ordinaire entraîne toujours la révocation de
la donation entre époux qui lui est antérieure et
jusqu'à concurrence de la somme destinée à parfaire
la réserve. Or, cela ne nous paraît pas admissible.
L'assimilation des donations entre époux avec les legs
n'est pas complète : les donations de cette nature sont
bien révocables *ad nutum* comme les legs ; mais, à la
différence des legs, elles confèrent au donataire,
lorsque la donation a pour objet des biens présents,
un droit actuel en vertu duquel les biens donnés sont
soustraits, dès l'instant où la donation est faite, à
l'action des créanciers de l'époux donateur. De plus,
le droit du donataire, bien que révocable *ad nutum*,
n'en remonte pas moins, en l'absence de révocation,
au jour du contrat, et les aliénations consenties par
cet époux donataire restent valables dans ce cas. Or,
nous ne saurions voir dans ce fait, que le *de cujus* a
consenti postérieurement des aliénations à titre gratuit, une révocation de la donation antérieurement
faite à son conjoint. Il n'est nullement certain que le
donateur ait voulu que la réserve se prît d'abord sur
la donation qu'il avait la faculté de révoquer, car il a
pu se croire plus riche qu'il ne l'était en réalité, et
penser que la seconde donation qu'il faisait n'excé-

derait pas la quotité disponible. Peut-être même en était-il ainsi au moment de cette seconde donation; mais des revers de fortune ou d'autres événements postérieurs ont renversé ses calculs. Dans de telles circonstances, admettre le système que nous combattons, ce serait s'exposer à méconnaître le plus souvent l'intention véritable du donateur, auquel on doit naturellement supposer une préférence pour son conjoint sur des donatai.. étrangers. La révocation tacite sur laquelle on fo. .ie ce système, ne ressortant pas des faits d'une manière évidente, ne saurait donc être admise que si elle était consacrée par une présomption légale; mais les textes font absolument défaut. Du reste, ceux qui prétendent qu'une donation postérieure révoque la donation faite entre époux pendant le mariage devraient, pour être logiques, aller plus loin et dire que la donation entre époux est également révoquée par l'existence d'un legs, car le défunt manifeste tout aussi bien par son testament que par une donation entre-vifs, sa volonté d'attribuer à un autre le disponible ou la part de disponible dont il avait d'abord fait don à son conjoint. Il faudrait donc dire que la donation entre époux est réductible non-seulement avant toute donation ordinaire, mais encore avant tout legs, et c'est ce que l'on ne cherche même pas à soutenir. Toutefois, si nous admettons que les donations entre époux doivent être, comme toutes autres donations, réduites à leur date, nous ne le faisons que lorsque la donation entre époux a pour objet des biens présents. Dans le cas où cette donation aurait pour objet des biens à venir, il faudrait dire qu'elle est réductible avant les autres donations, mais après les legs. Et en effet, la donation de biens à venir faite entre époux pendant le mariage est essentiellement révocable ; le droit de l'époux donataire ne portant que sur des biens à venir ne peut, à cause de son objet, rétroagir au jour du contrat et ne prend par conséquent date que du jour du décès ; d'où il suit que l'époux donataire doit subir la réduction avant que l'on puisse attaquer les donataires entre-vifs. Mais l'époux donataire est saisi de son droit en vertu de son titre et n'a pas de délivrance à demander : il doit donc être préféré aux légataires.

Nous devrons assimiler aux donations entre époux de biens présents, la donation de biens présents faite par contrat de mariage, dans laquelle le donateur s'est réservé la faculté de disposer de quelques-uns des objets compris dans la donation (art. 946, 947 et 1086). Le droit du donataire sur ces objets est révocable *ad nutum*, mais il est saisi dès le moment du contrat de mariage, en sorte que c'est au jour de ce contrat que ce droit remontera en l'absence de révocation, et dès lors les objets réservés ne seront sujets à réduction qu'après l'épuisement de ces dernières dispositions.

On sait que l'acceptation d'une donation peut être faite postérieurement et par un autre acte que celui contenant l'offre du donateur. Il faut dans ce cas, pour opérer la réduction, se référer à la date non pas de l'acceptation, mais de la notification de l'accepta-

tion au donateur, car ce n'est qu'à partir de ce moment que le contrat de donation acquiert sa perfection (art. 932). Si deux notifications d'acceptation ont
lieu le même jour et qu'elles ne mentionnent pas
toutes deux l'heure de leur remise, la réduction devra porter proportionnellement sur chacune des donations, sans avoir égard à la date de l'offre faite par
le donateur. Il en serait de même pour deux donations faites par actes séparés le même jour, à plus
forte raison devrait-on admettre la même décision si
les deux donations ont été passées dans un seul et
même acte ; on ne saurait en effet s'attacher à l'ordre
de l'écriture, car c'est au même instant que ces donations ont reçu leur perfection par l'accomplissement
des formalités requises (art. 932).

SECTION V.

DES FINS DE NON-RECEVOIR QUI PEUVENT ÊTRE OPPOSÉES A L'ACTION EN RÉDUCTION.

Plusieurs fins de non-recevoir peuvent être oppo-
sées à l'action en réduction. En première ligne nous
devons placer la renonciation des héritiers à réserve.
Cette renonciation à l'exercice de l'action en réduction ne peut avoir lieu qu'après l'ouverture de la succession, puisque la réserve n'est, comme nous l'avons
dit, qu'une portion de la succession *ab intestat*. Il n'est
pas nécessaire qu'elle soit expresse; une renonciation tacite suffirait, et les donataires ou légataires

pourraient repousser l'action en réduction dirigée
contre eux par le réservataire, si ce dernier a approuvé la donation ou le legs, sachant qu'il portait
atteinte à la réserve. La renonciation à la succession
emporte naturellement renonciation à la réserve, qui
n'est qu'une partie de cette succession ; mais le réservataire peut revenir sur sa renonciation tant que la
succession n'a pas été acceptée par d'autres héritiers
(art. 790). Nous ajouterons, à propos de cette première fin de non-recevoir contre l'action en réduction, que la renonciation frauduleuse du réservataire
peut être annulée sur la demande de ses créanciers
personnels, conformément à l'article 1167.

Une seconde fin de non-recevoir peut être tirée de
la prescription. Mais par quel laps de temps la prescription en cette matière s'accomplit-elle ? A l'égard
des donataires qui ont conservé entre leurs mains les
biens donnés, on ne saurait admettre d'autre prescription que la prescription trentenaire de l'article
2262.

En ce qui concerne les tiers détenteurs, la même
prescription les protégera à plus forte raison. Mais
ne pourraient-ils puiser dans leur propre titre une
protection plus efficace, qui consisterait dans la prescription de dix ou vingt ans ? Nous le croyons, car ce
n'est qu'en qualité de tiers détenteurs qu'ils sont soumis à l'action en réduction, à la différence des donataires, qui peuvent être poursuivis alors même que les
biens donnés ne sont plus entre leurs mains. Les
tiers détenteurs ne sont soumis qu'à une action réelle

qui ne subsiste plus dès que la prescription est ac-
quise. Or, d'après l'art. 2265, la prescription s'accom-
plit par dix ou vingt ans pour le possesseur avec juste
titre et bonne foi. Il est à remarquer toutefois que la
bonne foi, condition essentielle de la prescription de
dix ou vingt ans, fera presque toujours défaut, à moins
que l'origine de la propriété n'ait point été indiquée
dans le titre, car si elle y était indiquée, on trouverait
dans cette origine, qui est la donation, la cause possible de résolution. Qu'il s'agisse de la prescription de
l'article 2262 ou de celle de l'article 2265, elle ne
courra dans les deux cas que du jour de l'ouverture
de la succession et sera, bien entendu, soumise aux
règles ordinaires sur l'interruption et la suspension
en matière de prescription.

Enfin, suivant certains auteurs, une troisième fin
de non-recevoir contre l'action en réduction résulterait de ce que l'héritier réservataire qui a accepté
purement et simplement la succession se serait mis
en possession sans faire inventaire. On dit, en effet,
que le réservataire, en ne faisant pas inventaire, se
met dans l'impossibilité de constater régulièrement
la consistance de la succession et de faire les calculs
nécessaires pour arriver à la détermination de la quotité disponible. Mais cette opinion doit être rejetée,
suivant nous. Nous ne contestons pas que l'héritier
est en faute de n'avoir pas fait inventaire et qu'il doit
subir les conséquences de cette faute. Mais ce serait
aller bien loin que de le rendre pour cela seul non
recevable à intenter l'action en réduction. On doit se

borner, ce nous semble, à dire que ce sera à l'héritier
à établir quelle est la valeur des biens de la succession et que les juges, à défaut d'inventaire, ne devront
admettre que des preuves bien certaines. De cette
façon, le réservataire se trouvera placé dans une position bien plus défavorable que celle qu'il aurait eue
s'il avait fait inventaire, et d'un autre côté les personnes contre lesquelles il agira en réduction seront
suffisamment protégées. C'était, du reste, l'opinion
admise dans l'ancien droit par Pothier et par Ricard,
et en l'absence de texte formel du Code, nous n'avons
pas de raison pour nous en écarter.

POSITIONS.

DROIT ROMAIN.

I. — La nécessité imposée au testateur d'instituer ou d'exhéréder certaines personnes doit son origine au désir de se conformer à la volonté présumée du testateur.

II. — La *querela inofficiosi testamenti* n'est qu'un cas particulier de la *petitio hereditatis*.

III. — Les lois 31 *pr.* et 14 *D., De inoff. testam.* v, 2, ne sont pas inconciliables avec la loi 34 *C., De inoff. testam.,* III, 28.

IV. — L'adrogé impubère exhérédé par l'adrogeant n'a pas droit à la *querela inofficiosi testamenti.*

V. — La règle d'après laquelle la *querela inofficiosi testamenti* n'est accordée qu'à défaut de tout autre moyen d'agir souffre exception.

VI. — Dans la *querela inofficiosi testamenti*, c'est au demandeur, quelle que soit sa qualité, fût-il même un ascendant, à prouver l'injustice de son exhérédation ou de son omission.

VII. — Les lois 17 *pr.*, 23, § 3, et 13 *D.*, *De inoff. test.*, ne sont pas en opposition avec la loi 8, § 8, *D.*, *eod. tit.*

CODE CIVIL.

I. — La réserve est une portion de la succession *ab intestat.*

II. — L'héritier renonçant ne peut obtenir la réserve ni par voie de réduction ni par voie de rétention.

III. — L'enfant naturel a droit à une réserve.

IV. — Lorsque *de cujus* a institué un étranger son légataire universel et qu'il laisse des frères ou sœurs et des ascendants, ces derniers ont droit à la réserve.

V. — Le mot *successible* employé par l'article 918 signifie *héritier au moment de l'ouverture de la succession.*

VI. — Il n'y a pas d'antinomie entre les articles 924 et 886. Chacun de ces articles s'applique à un cas différent.

VII. — L'enfant adoptif peut demander la réduction des donations antérieures à son adoption.

VIII. — La donation entre époux qui a pour objet des biens présents est réductible à sa date comme les donations ordinaires; si elle a pour objet des biens à venir, elle est réductible avant toute autre donation, même postérieure en date, mais après le legs.

IX. — Les dons faits en avancement d'hoirie à un successible qui renonce pour s'en tenir à sa donation sont réductibles à leur date comme les autres donations.

X. — Le défaut d'inventaire de la part du réservataire ne saurait lui être opposé comme fin de non-recevoir à sa demande en réduction.

PROCÉDURE CIVILE.

I. — La tierce opposition ne fait pas double emploi avec l'exception de l'article 1351 du Code civil.

II. — La partie qui a requis ou poursuivi l'expertise est seule tenue de faire l'avance des frais qu'elle occasionne (art. 319 C. pr. civ.); les experts ne peuvent dès lors assigner toutes les parties au procès solidairement en paiement de ce qui leur est dû.

DROIT COMMERCIAL.

I. — Le commissionnaire est celui qui contracte pour le compte d'autrui, mais *en son nom.*

II. — C'est au créancier à prouver que l'engagement souscrit par le mineur commerçant l'a été pour les besoins de son commerce, s'il veut en empêcher la rescision.

III. — Le billet à domicile n'est pas un acte commercial par lui-même.

DROIT CRIMINEL.

I. — La chose jugée au criminel est sans influence sur la demande civile formée postérieurement à l'acquittement ou à la condamnation.

II. — On ne peut condamner un accusé sur son seul aveu.

DROIT ADMINISTRATIF.

I. — Lorsque le préfet a pris l'arrêté de conflit après les délais fixés, le tribunal saisi de la contestation peut passer outre.

II. — On doit, en matière de compétence, distinguer si les travaux communaux ont un but d'utilité publique et peuvent donner lieu à l'expropriation, ou si ces travaux n'ont qu'un but d'utilité privée. Dans le premier cas, les tribunaux administratifs sont compétents, et dans le second, ce sont les tribunaux judiciaires.

Vu :

Le Doyen de la Faculté, Président de la thèse,

LACOMME.

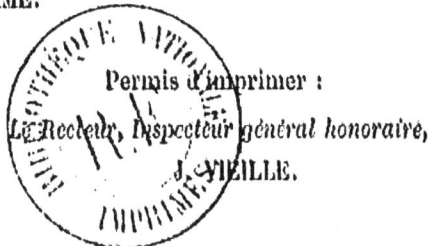

Permis d'imprimer :

Le Recteur, Inspecteur général honoraire,

J. VIEILLE.

TABLE.

BESANÇON, IMPRIMERIE DE J. JACQUIN.

www.ingramcontent.com/pod-product-compliance
Lightning Source LLC
Chambersburg PA
CBHW072354200326
41519CB00015B/3759